かわいいチューリップちゃん p.18

しあわせを贈るクローバー p.19

ぴよぴよひよこちゃん p.20

入学式！さくらの木 p.21

たのしいひなまつり p.22

元気におよげ！こいのぼり p.23

楽しく歌って！シンギングバード p.24

雨の日も楽しいアンブレラ p.25

あした天気になあれてるてるぼうず p.26

ケロケロピョンピョンカエルちゃん p.27

早おきしようあさがお p.28

海にいるよふとっちょカニさん p.29

ぱたぱたカモメさん

夏はこれだね！おいしいスイカ

出航します！ぽんぽん船

うっしっしクジラさん

夏まつりぱたぱたうちわ

ひらひらイチョウちゃん

おにぎり持って遠足すずめ

学芸会・発表会おんぷちゃん

ハッピー！ハロウィン！！

秋がおいしいキノコちゃん

ほくほくおいしいやきいも

ころころドングリリスちゃん

p.42
ぽわん あたたか キャンドル

p.43
メリークリスマスもみの木カード

p.44
手がゆれるんだよ
メリークリスマス手がゆれるサンタさん

Merry Christmas
クリスマスカード

p.48
メリークリスマス！
メリークリスマス手がゆれる雪だるまさん

p.46
メリークリスマス耳がゆれるトナカイさん

ハートがいっぱいしろうさぎちゃん

かわいい赤ちゃんペンギン

ばんざいしろくまさん

豆まきしよう赤おにさん

かわいいかんたんりんごちゃん

かわいいかんたんピンクのももちゃん

かわいいかんたん ふたごのさくらんぼちゃん

かわいいかんたんにんじんちゃん

かわいいかんたんいちごちゃん

かわいいかんたんぶどうちゃん

かわいいかんたんくり兄弟

かわいいかんたんたまねぎちゃん

p.62
かわいいかんたんバナナくん

p.63
かわいいかんたんみかんちゃん

p.64
ふわふわひつじちゃん

p.65
とびだせ！ハートちゃん

p.66
おしゃべりオウムちゃん

p.67
ハッピーバースデーケーキ

p.68
おみやげドーナッツ

p.69
つめた〜いアイスクリーム

p.70
いつもありがとうフラワーブーケ

p.71
ぷくぷくめだかちゃん

はじめに

　紙工作をしたあとに、色画用紙のきれはしがあまってしまったことはありませんか。新しい工作にはつかえそうもないけど、なんとなくもったいなくて、捨てられなくて、いつまでも机の引きだしに入ったままになっていたりしませんか？

　わたしの机の引きだしには、そんな色画用紙のきれはしがたくさんあるのです。カードづくりをはじめてから、どんどん増えて引きだしいっぱいになりました。そこで、捨ててしまう前に、ちょこっとした小さなカードをつくってみました。そうしたら画用紙のきれはしでも、きちんとしたカードができたのです。小さいので細かいかざりはできませんが、とてもかわいらしいカードがたくさんできました。そんな小さなカードのつくり方と、型紙を紹介します。型紙を拡大コピーすれば、大きなカードにすることもできます。材料は、色画用紙と、はさみと、のりだけ。

　画用紙のきれはしでもまだまだ楽しめますよ。つくり方もかんたん！　たくさんつくって、お友だちや大切な人にメッセージをかいて贈ってくださいね。

　　　　　　　　　　　シマダチカコ

もくじ

つくる前に読んでね
- 1 カードをつくるのに必要な材料 … 12
- 2 型紙と色画用紙のきり方 … 13
- 3 内台紙のつくり方 … 14
- 4 内台紙と外台紙のはりあわせ方 … 16

春につかえるカード
- かわいい チューリップちゃん ……… 18
- しあわせを贈る クローバー ……… 19
- ぴよぴよ ひよこちゃん ……… 20
- 入学式！ さくらの木 ……… 21
- たのしい ひなまつり ……… 22
- 元気におよげ！ こいのぼり ……… 23
- 楽しく歌って！ シンギングバード ……… 24

夏につかえるカード
- 雨の日も楽しいアンブレラ ……… 25
- あした天気になあれ てるてるぼうず ……… 26
- ケロケロピョンピョン カエルちゃん ……… 27
- 早おきしよう あさがお ……… 28
- 海にいるよ ふとっちょカニさん ……… 29
- ぱたぱた カモメさん ……… 30
- 夏はこれだね！ おいしいスイカ ……… 31
- 出航します！ ぽんぽん船 ……… 32
- うっしっし クジラさん ……… 33
- 夏まつり ぱたぱたうちわ ……… 34

秋につかえるカード
- ひらひら イチョウちゃん ……… 35
- おにぎり持って 遠足すずめ ……… 36
- 学芸会・発表会 おんぷちゃん ……… 37
- ハッピー！ ハロウィン!! ……… 38
- 秋がおいしい キノコちゃん ……… 39
- ほくほく おいしい やきいも ……… 40
- ころころ ドングリ リスちゃん ……… 41

冬につかえるカード
- ★ メリークリスマス！クリスマスカード
  - ★ ぽわん あたたか キャンドル ……… 42
  - ★ もみの木カード ……… 43
  - 手がゆれるサンタさん ……… 44
  - 耳がゆれるトナカイさん ……… 46
  - 手がゆれる雪だるまさん ……… 48
- ハートがいっぱい しろうさぎちゃん … 50
- かわいい 赤ちゃんペンギン ……… 51
- ばんざい しろくまさん ……… 52
- 豆まきしよう 赤おにさん ……… 53

ベジタブル&フルーツカード

かわいい　かんたん！

りんごちゃん……………………………… **54**
ピンクのももちゃん……………………… **55**
ふたごのさくらんぼちゃん……………… **56**
にんじんちゃん…………………………… **57**
いちごちゃん……………………………… **58**
ぶどうちゃん……………………………… **59**
くり兄弟…………………………………… **60**
たまねぎちゃん…………………………… **61**
バナナくん………………………………… **62**
みかんちゃん……………………………… **63**

アラカルトカード

ふわふわ ひつじちゃん ………………… **64**
とびだせ！ ハートちゃん ……………… **65**
おしゃべり オウムちゃん ……………… **66**
ハッピーバースデーケーキ……………… **67**
おみやげ ドーナッツ …………………… **68**
つめた～い アイスクリーム …………… **69**
いつもありがとう フラワーブーケ …… **70**
ぷくぷく めだかちゃん ………………… **71**
あっちこっち てんとうむしちゃん …… **72**
もしもし いもむしちゃん ……………… **73**

ゆらゆらしおりカード

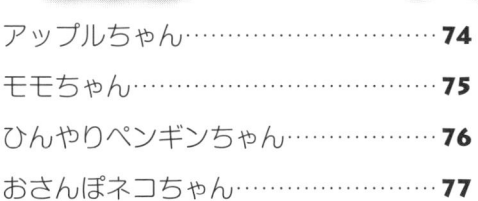

アップルちゃん…………………………… **74**
モモちゃん………………………………… **75**
ひんやりペンギンちゃん………………… **76**
おさんぽネコちゃん……………………… **77**

ぱたぱたカード

ありがとう ふうせん …………………… **78**
おめでとう ひよこちゃん ……………… **80**

お正月ちょこっとカード

十二支

ねずみ……………… **82**
うし………………… **83**
とら………………… **84**
うさぎ……………… **85**
たつ………………… **86**
へび（み）………… **87**
うま………………… **88**
ひつじ……………… **89**
さる………………… **90**
とり………………… **91**
いぬ………………… **92**
いのしし…………… **93**

つくる前に読んでね

1 カードをつくるのに必要な材料

色画用紙

ぶんぼうぐ屋さんで売っているふつうの色画用紙をつかいます。工作であまった色画用紙のきれはしでも大丈夫！

はさみ

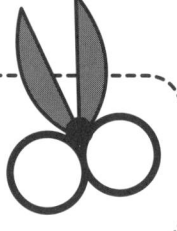

型紙や色画用紙をきるときにつかいます。

手をきらないようにきをつけてね

のり

つかいやすい方をつかってね

色画用紙をはったり、カードの台紙をはりあわせるときにつかいます。スティック型のりがつかいやすいけど、チューブ型のりでもOK！

じょうぎ

まちがえないようにね

カードの台紙の大きさをはかるときにつかいます。

そのほか、こんなものがあると便利だよ！

ピンセット

こまかいパーツをあつかうときに便利だよ。つかいこなすと、ちょっとかっこいい。

クラフトパンチ

星型や、まるい目玉をきりぬくときに便利です。かわいいかざりをつくってね。

シール

かわいいシールで、カードをかざろう。

12

2 型紙と色画用紙のきり方

①型紙をコピーします。

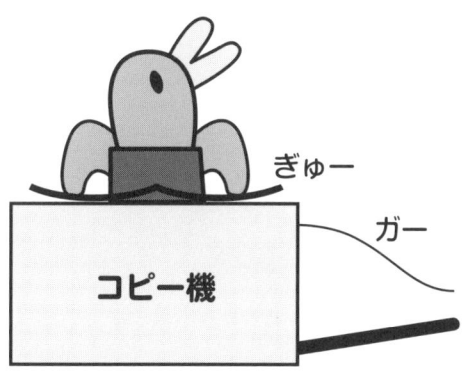

②コピーした型紙を、型紙の線より少し大きくきりぬきます。

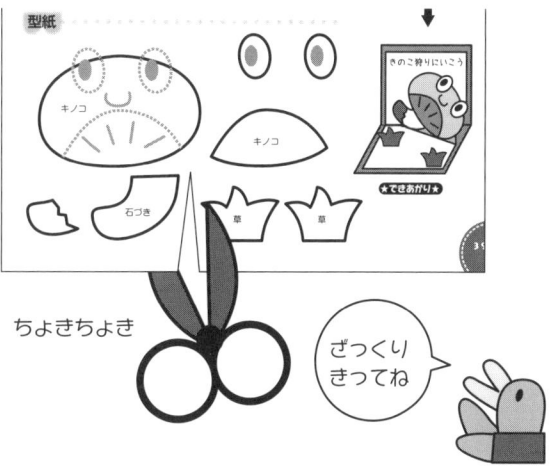

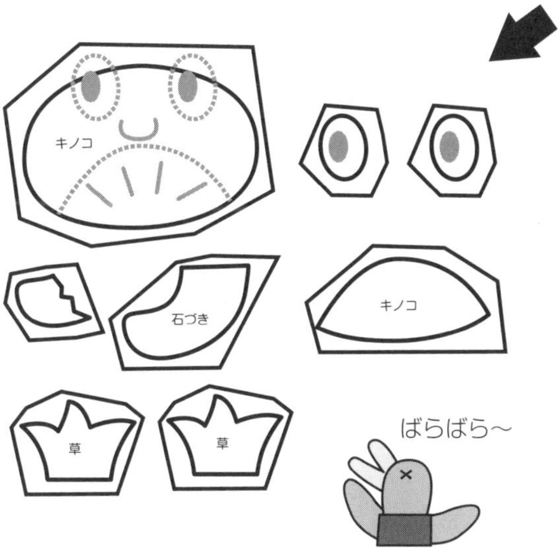

ちょきちょき

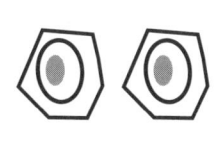

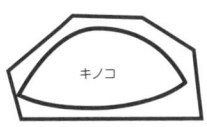

③色画用紙の上に、きりぬいた型紙をおいて、2枚いっしょにきります。

型紙が動いてきりにくかったら、テープではるときりやすいよ

テープ

④ ★できあがり★ をみながら、はりあわせます。

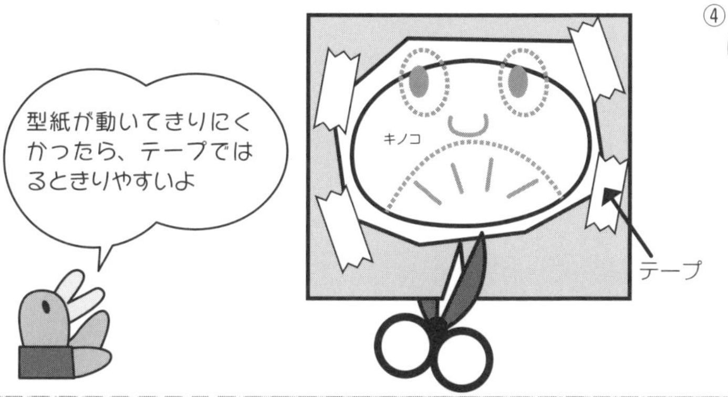

つくってみてね！

つくる前に読んでね

3 内台紙のつくり方

台紙を2枚はりあわせます。とびだす部分がある内がわの台紙を「**内台紙**」、外がわの台紙を「**外台紙**」といいます。

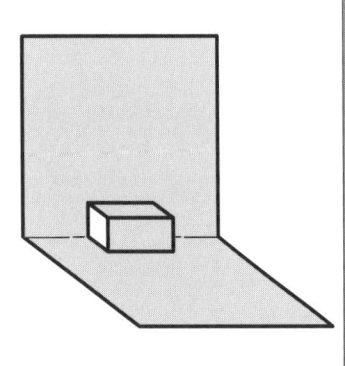
前にとびだすカード

①内台紙を半分に折ります。
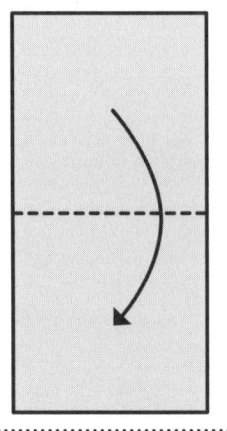

②内台紙にきりこみをいれます。

③折って折り目をつけます。
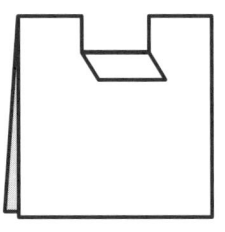

④もとにもどします。

⑤ひらいて、きりこみ部分を表にして折り返します。
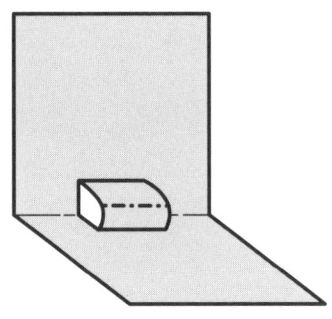

⑥もう一度折ります。
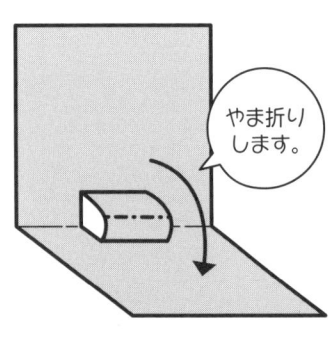
やま折りします。

⑦ぎゅーっと折りましょう。
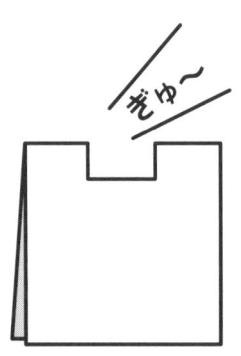
ぎゅ〜

⑧ひらくと、とびだします。

ここにパーツをはります

| たに折り ------
| やま折り -·-·-·
| きりこみ ✂━━

ここでは、きりこみをいれて**前にとびだすカード**と、折って**ななめにとびだすカード**を紹介します。

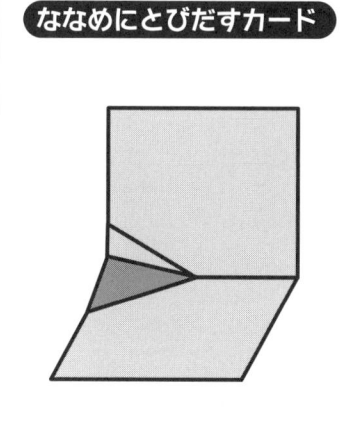

ななめにとびだすカード

①内台紙を半分に折ります。

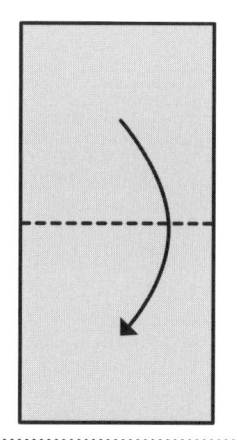

②折り線をじょうぎではかって、えんぴつでうすく線をかきます。

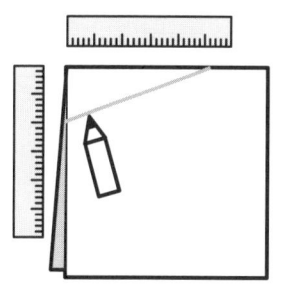

③折り目をつけます。

④もとにもどします。

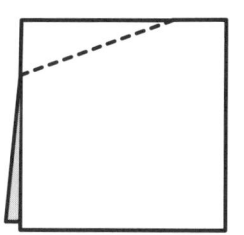

⑤ひらいて折った部分を表にして、折り返します。

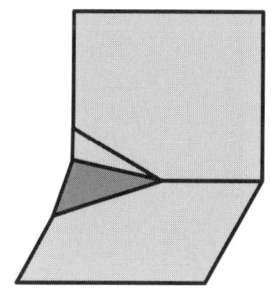

⑥もう一度折ります。

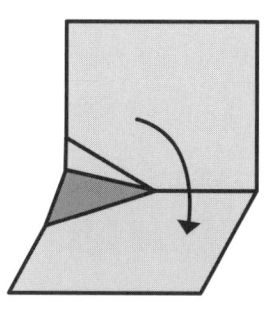

⑦ぎゅーっと折りましょう。

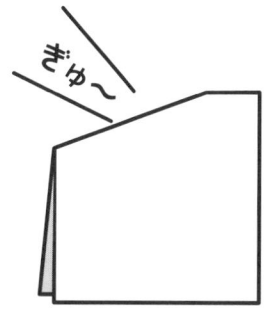

⑧ひらくと、とびだします。

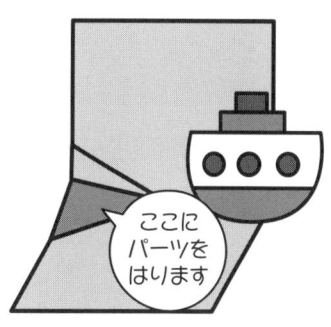

ここにパーツをはります

15

つくる前に読んでね

4 内台紙と外台紙のはりあわせ方

内台紙と外台紙をはりあわせることで、しっかりしたカードになります。

①外台紙を半分に折ってひらきます。

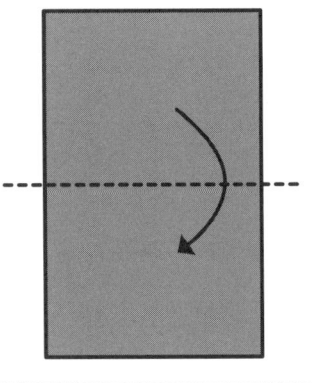

②内台紙にきりこみを入れて、半分に折ります。

③①の内台紙の片面だけのりをつけます。

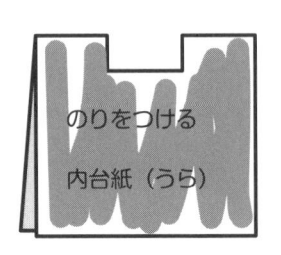

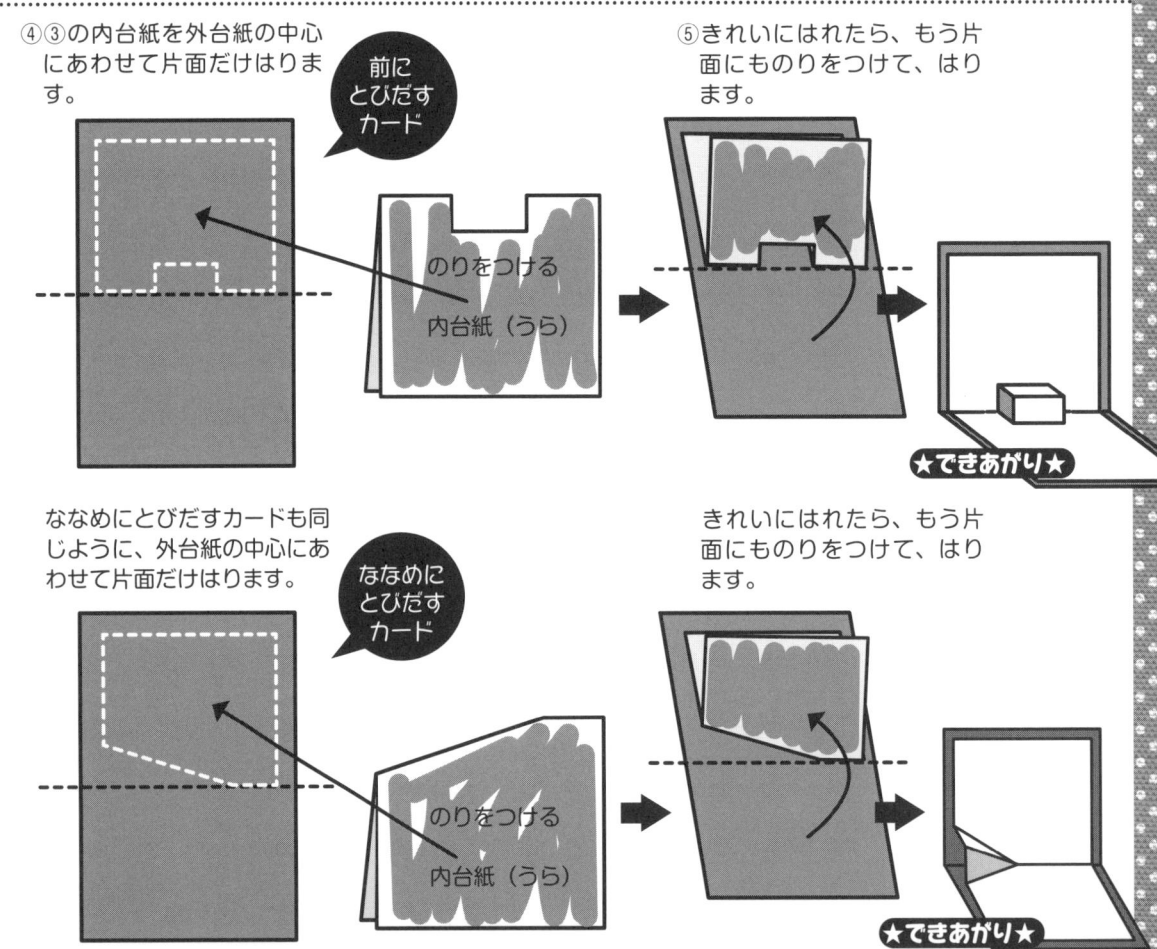

④③の内台紙を外台紙の中心にあわせて片面だけはります。

前にとびだすカード

⑤きれいにはれたら、もう片面にものりをつけて、はります。

★できあがり★

ななめにとびだすカードも同じように、外台紙の中心にあわせて片面だけはります。

ななめにとびだすカード

きれいにはれたら、もう片面にものりをつけて、はります。

★できあがり★

さあ！
つくって
みましょう！

春につかえるカード

夏につかえるカード

秋につかえるカード

冬につかえるカード

ベジタブル＆フルーツカード

アラカルトカード

ゆらゆらしおりカード

ぱたぱたカード

お正月ちょこっとカード

春につかえるカード

- 入園　入学
- 母の日　父の日
- おたんじょうび　など

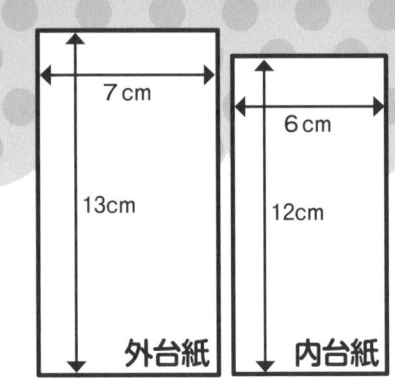
外台紙　内台紙

かわいいチューリップちゃん

パーツをつくります

①チューリップちゃんをつくります。

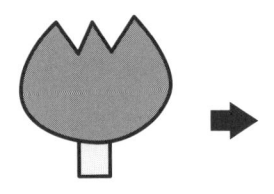

目をはります。小さくてきるのがむずかしかったら、ペンでかこう

口もかいてね。

お花もつくってメッセージをかいてね

台紙をつくります

①内台紙を半分に折ってきりこみをいれます。　②きりこみを折ります。　③ひらいてとびださせます。　④内台紙に外台紙をはりあわせます。

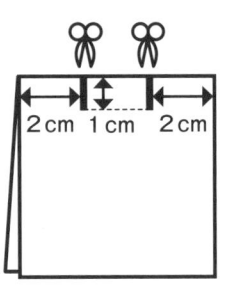
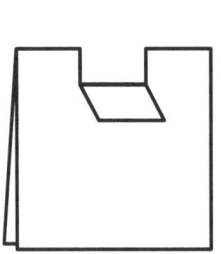
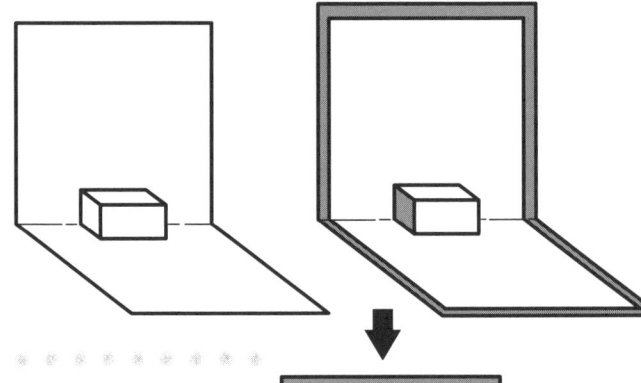

型紙

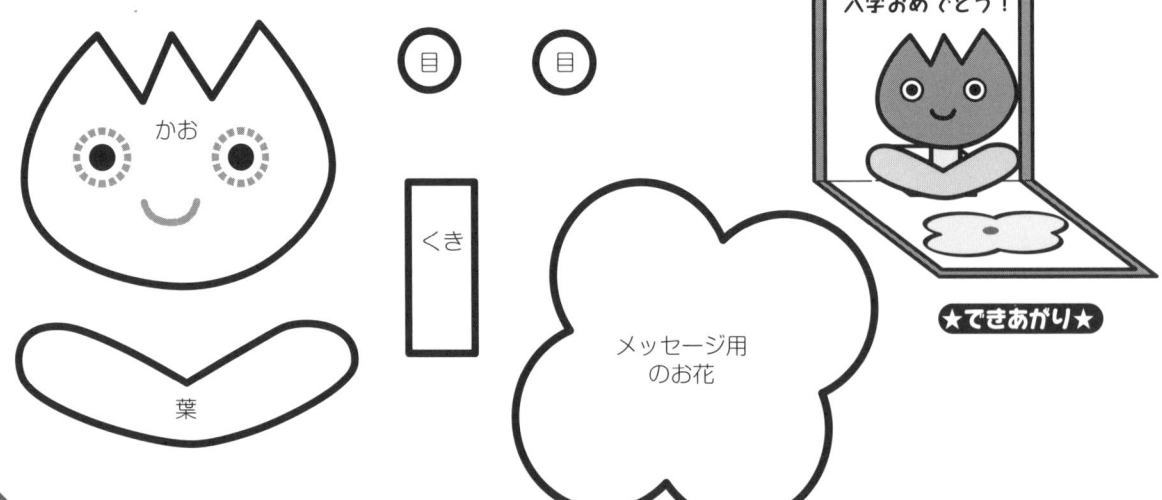

★できあがり★

春につかえるカード

- 入園　入学
- 母の日　父の日
- おたんじょうび　など

しあわせを贈るクローバー

外台紙	内台紙
7cm × 13cm	6cm × 12cm

パーツをつくります

①クローバーの葉を3枚はりあわせます。

ここにのりをつけてはりあわせます

台紙をつくります

①内台紙を半分に折って折線にそって折ります。

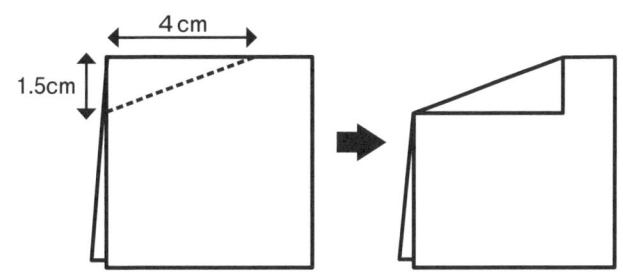

(4cm / 1.5cm)

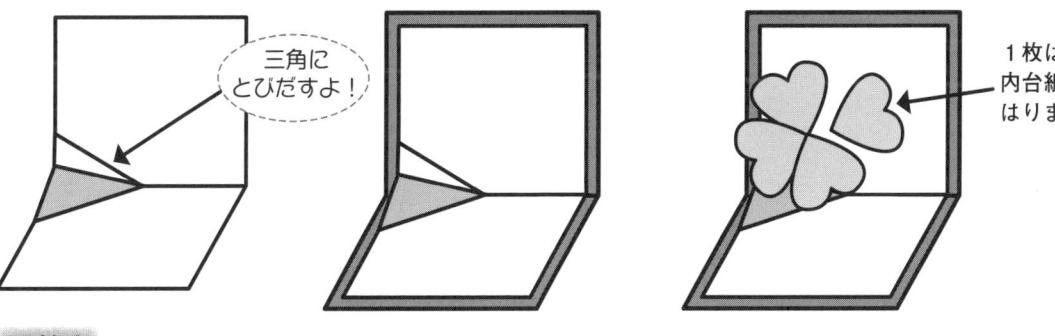

②ひらいてとびださせます。

三角にとびだすよ！

③外台紙をはりあわせます。

④クローバーを、とびだした部分にはります。

1枚は内台紙にはります

型紙

クローバーの葉 ×4

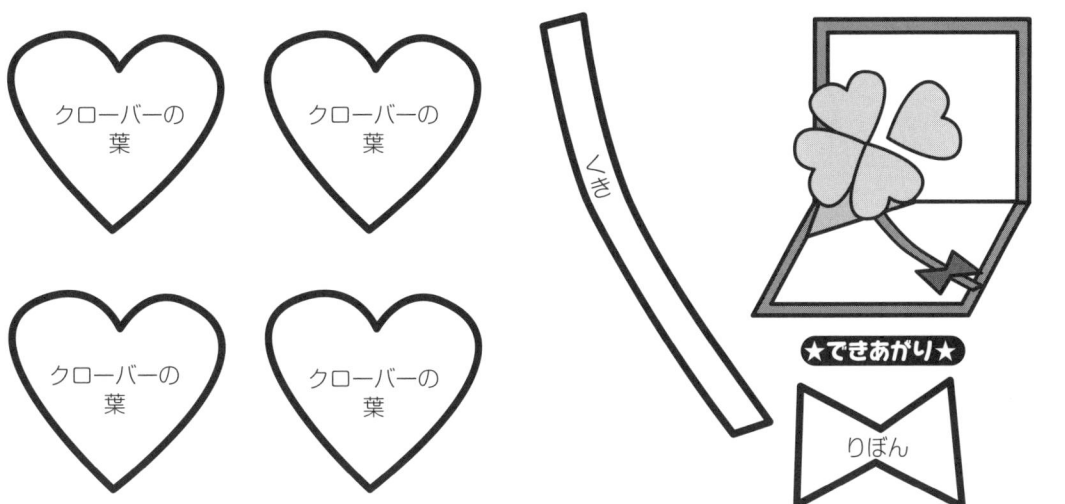

⑤くきとリボンを内台紙にはります。

くき

★できあがり★

りぼん

春につかえるカード

- 入園 入学
- 母の日 父の日
- おたんじょうび など

外台紙: 7cm × 13cm
内台紙: 6cm × 12cm

ぴよぴよ ひよこちゃん

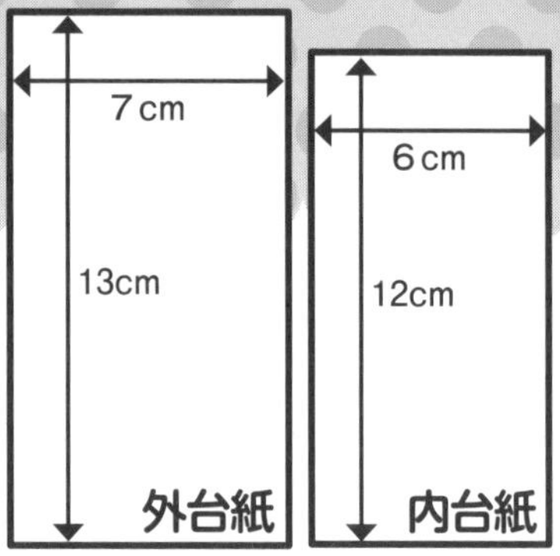

パーツをつくります

①ひよこちゃんをつくります。

②ひよこちゃんに、たまごのからをかぶせます。

台紙をつくります

①内台紙を半分に折ってきりこみをいれます。

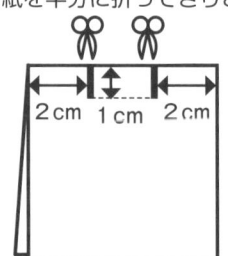

2cm / 1cm / 2cm

②きりこみを折ります。 ③ひらいてとびださせます。 ④内台紙に外台紙をはりあわせます。 ⑤内台紙にひよこちゃんをはります。

はる場所をまちがえないようにね

型紙

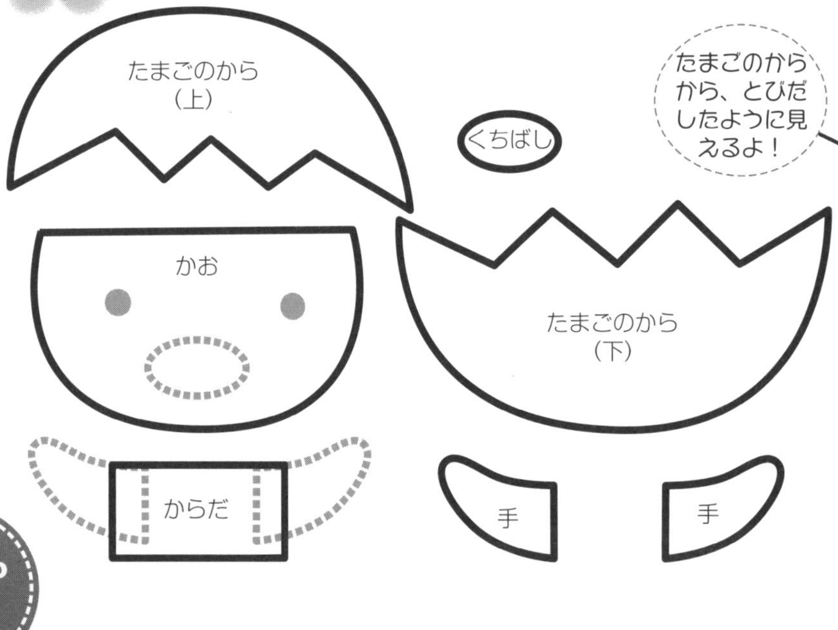

たまごのから（上）

くちばし

かお

たまごのから（下）

からだ

手　手

たまごのからから、とびだしたように見えるよ！

⑥とびだした部分に、たまごのから（下）をはります。

おたんじょうびおめでとう！

★できあがり★

春につかえるカード

- 入園　入学
- 母の日　父の日
- おたんじょうび　など

入学式！
さくらの木

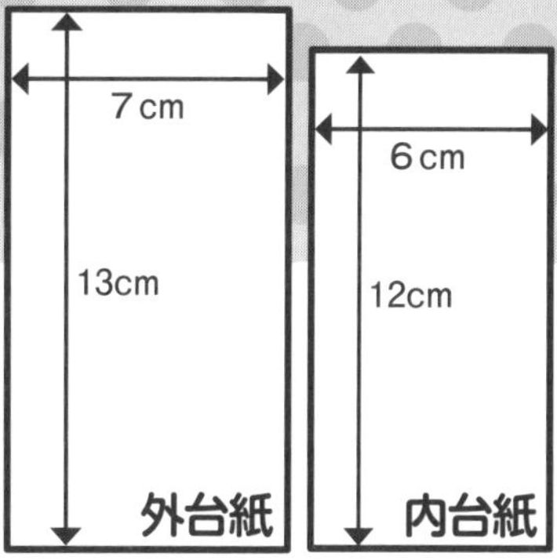

外台紙	内台紙
7cm × 13cm	6cm × 12cm

パーツをつくります

①さくらの木をつくります。

台紙をつくります

①内台紙を半分に折って
きりこみをいれます。

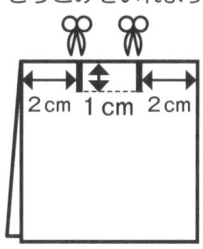
2cm／1cm／2cm

②きりこみを折ります。

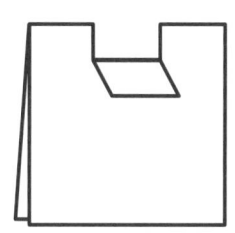

③ひらいてとびださせます。

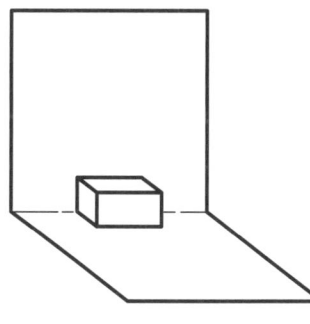

④内台紙に外台紙をはり
あわせます。

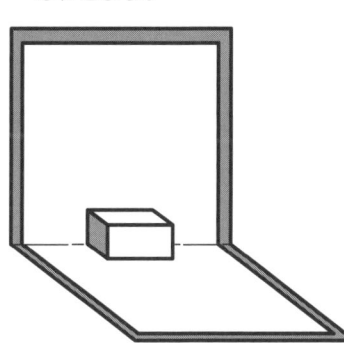

⑤内台紙にさくらの木を
はります。

⑥はなびらを、いろいろ
な場所にはってね。

★できあがり★

型紙

さくらの葉

さくらの木

さくらのはなびら

春につかえるカード

たのしい ひなまつり

●ひなまつり会 など

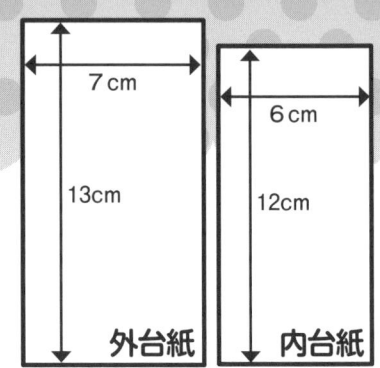

パーツをつくります

①おびなとめびなをつくります。

じょうずに つくってね

台紙をつくります

①内台紙を半分に折って、きりこみを入れて折線にそって折ります。

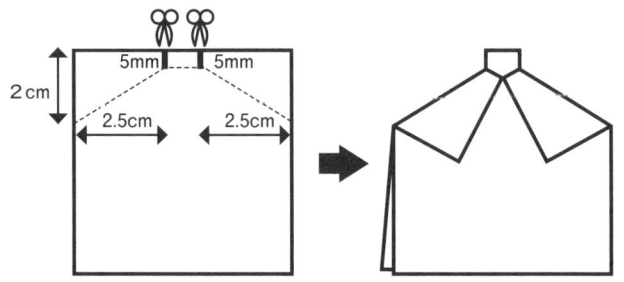

②ひらいてとびださせます。

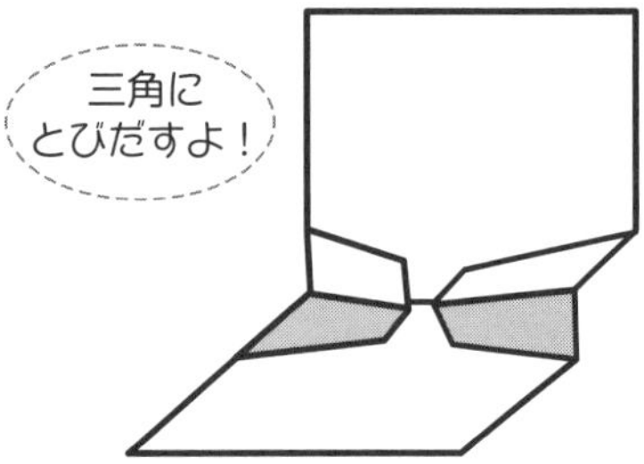

三角に とびだすよ！

③外台紙をはりあわせます。

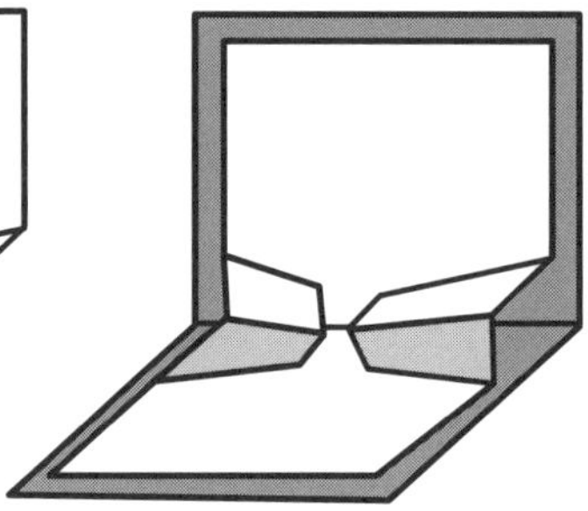

④左におびな　右にめびなをはります。

型紙

★できあがり★

春につかえるカード

元気におよげ！こいのぼり

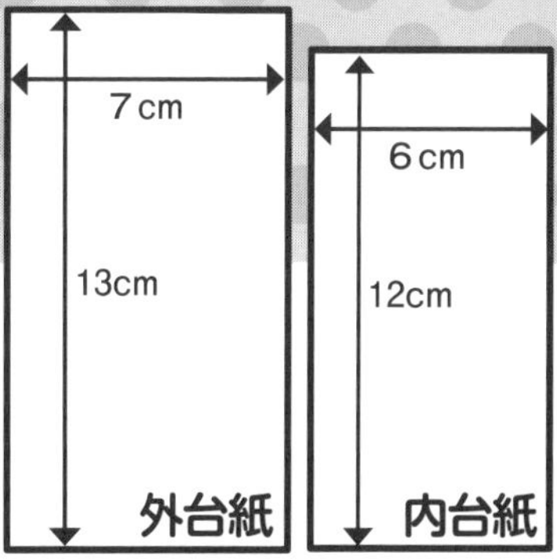

●子どもの日　など

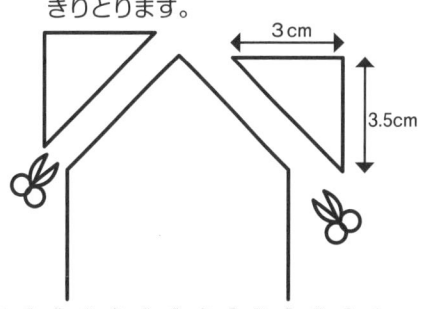

パーツをつくります

①こいのぼりをつくります。

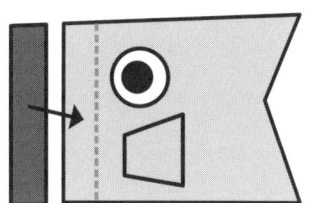

②こいのぼりのおびれを
からだのうしろにはります。

台紙をつくります

①内台紙の上の部分を三角に
きりとります。

②内台紙を半分に折って
きりこみをいれます。

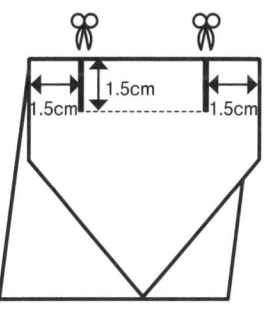

③きりこみを折って、ひら
いてとびださせます。

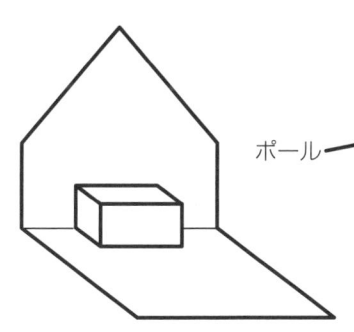

④外台紙をはりあわせて、ポールをはります。

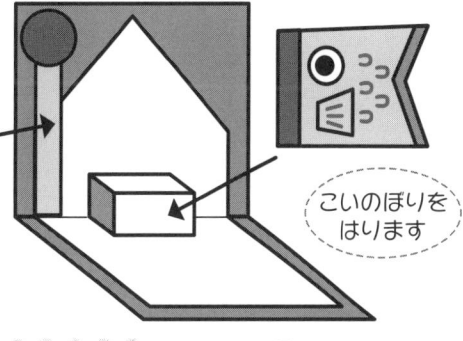

こいのぼりを
はります

型紙

★できあがり★

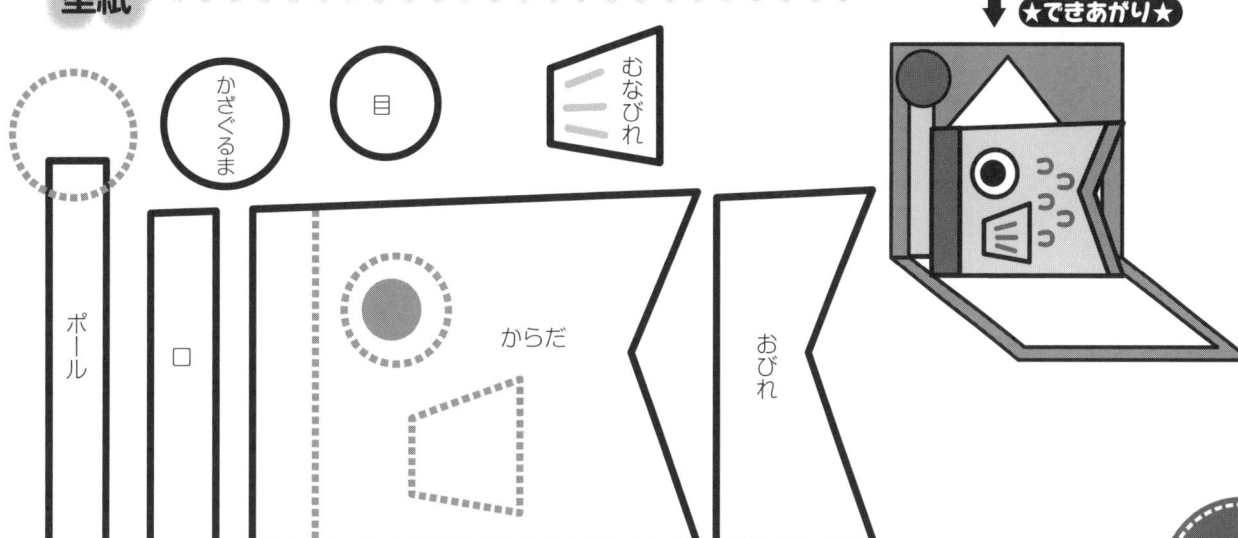

春につかえるカード

- 学芸会
- バースデーカード など

楽しく歌って！
シンギングバード

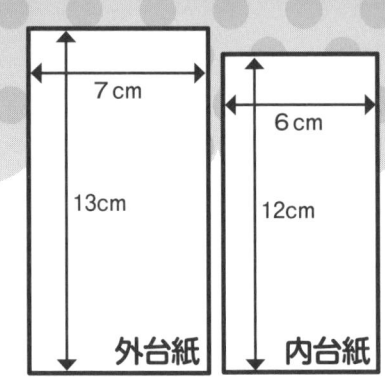

パーツをつくります

①とりさんをつくります。　②おんぷもつくりましょう。

台紙をつくります

①内台紙を半分に折ってきりこみをいれます。

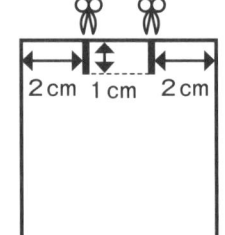

②きりこみを折ります。　③ひらいてとびださせます。　④内台紙に外台紙をはりあわせます。

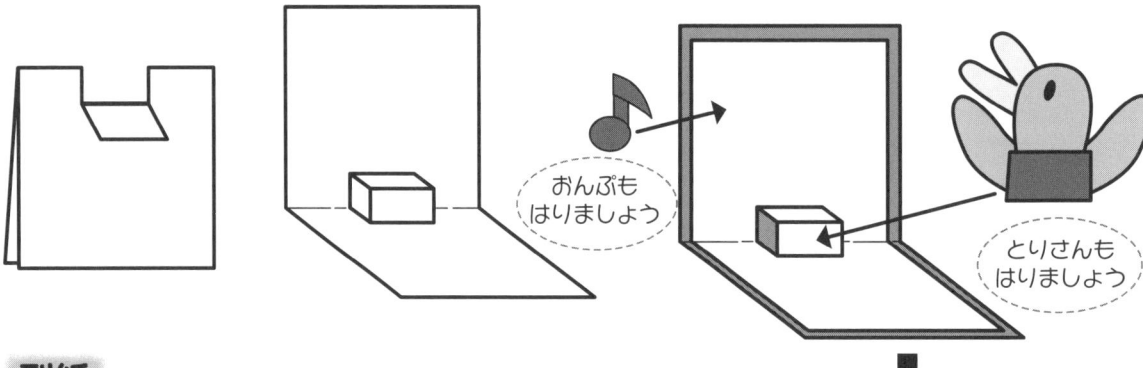

型紙

★できあがり★

夏につかえるカード

●暑中見舞い
●残暑見舞い
●バースデーカード　など

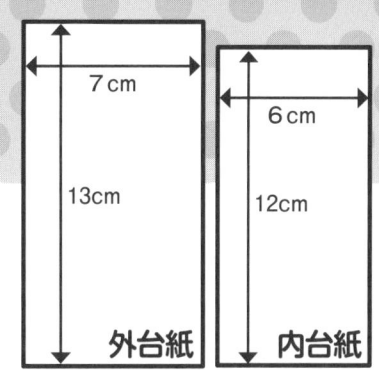

雨の日も楽しい
アンブレラ

パーツをつくります

①かさをつくります。

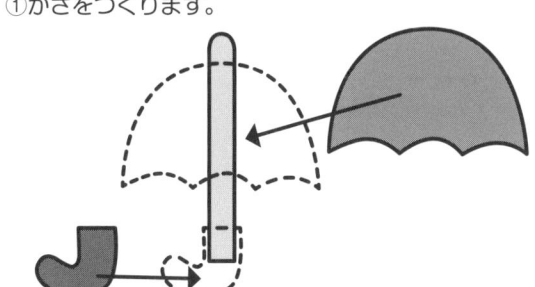

台紙をつくります

①内台紙を半分に折って折線にそって折ります。

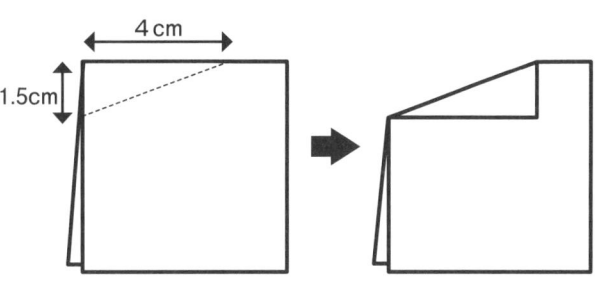

②ひらいてとびださせます。

③外台紙をはりあわせます。

④とびだした部分に、かさをはります。

三角にとびだすよ！

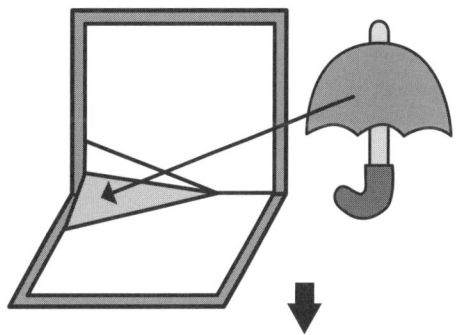

⑤あまつぶをはります。

★できあがり★

型紙

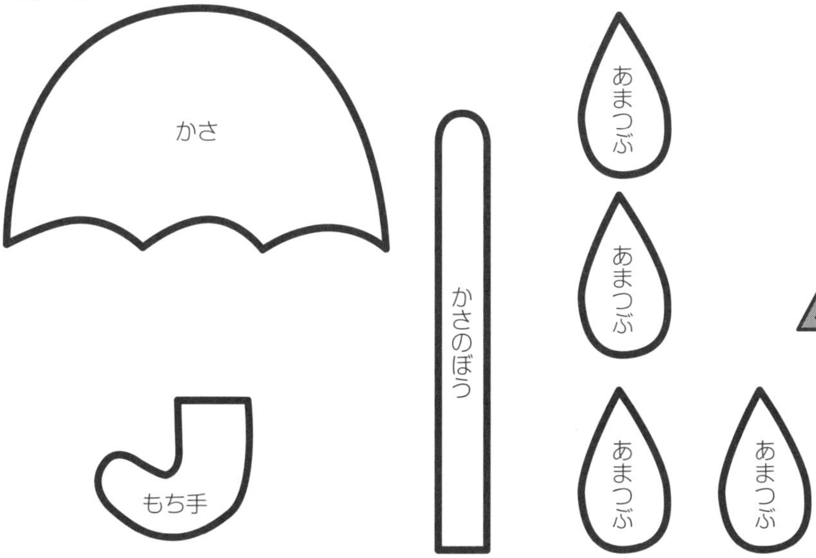

かさ

もち手

かさのぼう

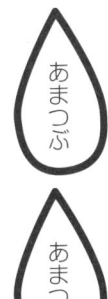
あまつぶ

あまつぶ

あまつぶ　あまつぶ

夏につかえるカード

- 暑中見舞い
- 残暑見舞い
- 遠足のお知らせ など

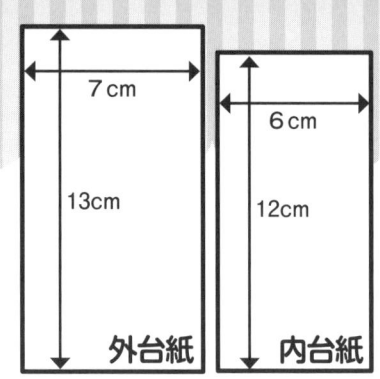

あした天気になあれ
てるてるぼうず

パーツをつくります

①てるてるぼうずをつくります。

②かおをかわいくかいてね。

めがね！

ニコニコ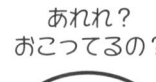

あれれ？おこってるの？

家のやねも、つくっておきましょう

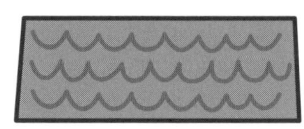

台紙をつくります

①内台紙を半分に折ってきりこみをいれます。

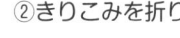

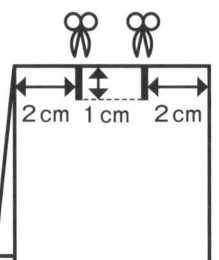

②きりこみを折ります。

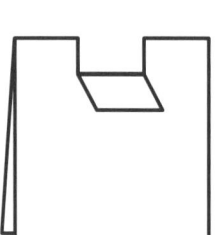

③ひらいてとびださせます。

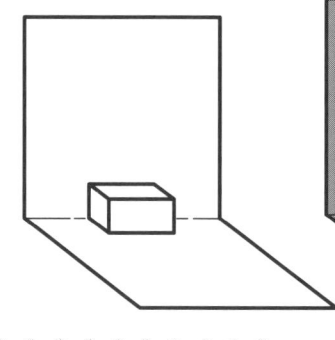

④内台紙に外台紙をはりあわせます。

てるてるぼうずをはります

⑤やねをはります。

遠足のお知らせ

★できあがり★

型紙

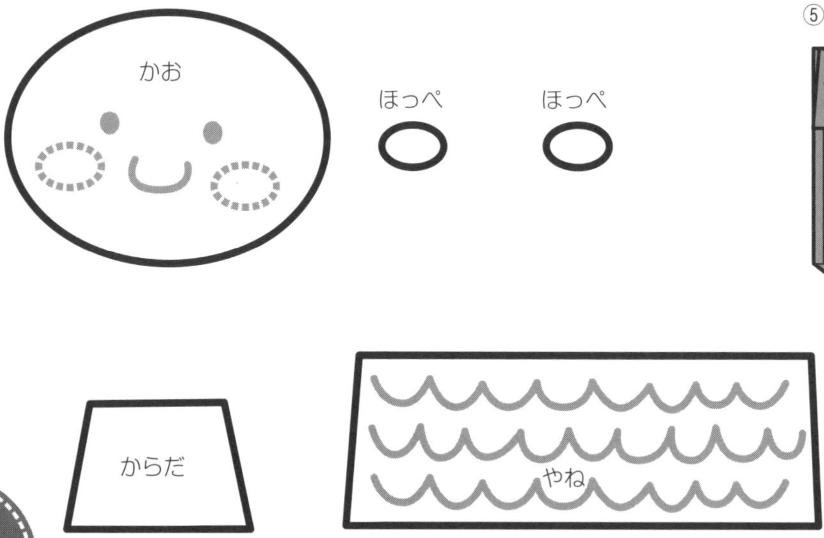

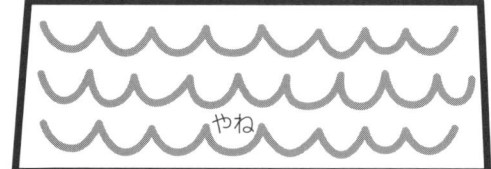

夏につかえるカード

ケロケロピョンピョン カエルちゃん

- ●暑中見舞い
- ●残暑見舞い
- ●遠足のお知らせ　など

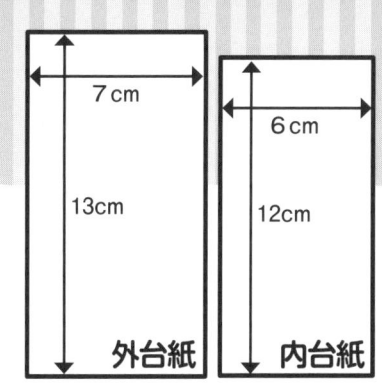

パーツをつくります

①カエルちゃんをつくります。

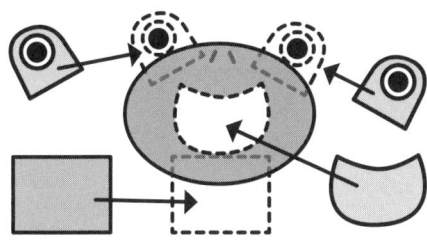

台紙をつくります

①内台紙を半分に折って きりこみをいれます。

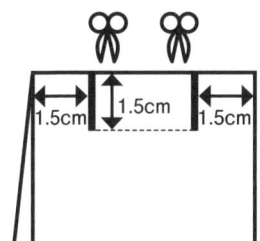

②きりこみを折ります。次に、折り線にそって折ります。

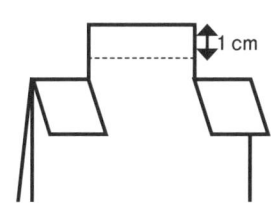

③折ったあと、裏返します。

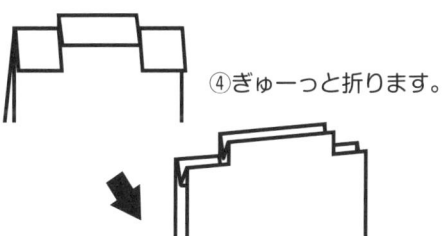

④ぎゅーっと折ります。

⑤外台紙を半分に折って、折り線の中心に内台紙をはります。

⑥もう片側も外台紙にはります。

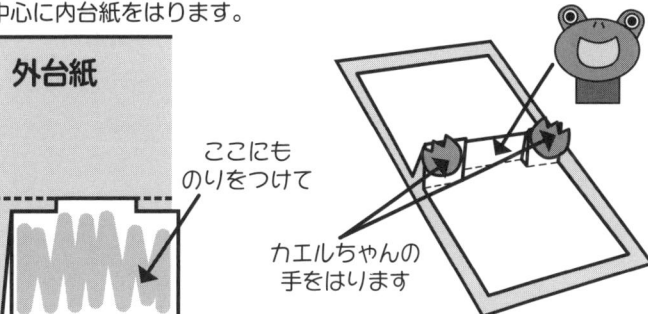

ここにものりをつけて

カエルちゃんの手をはります

型紙

⑦カエルちゃんをはります。

★できあがり★

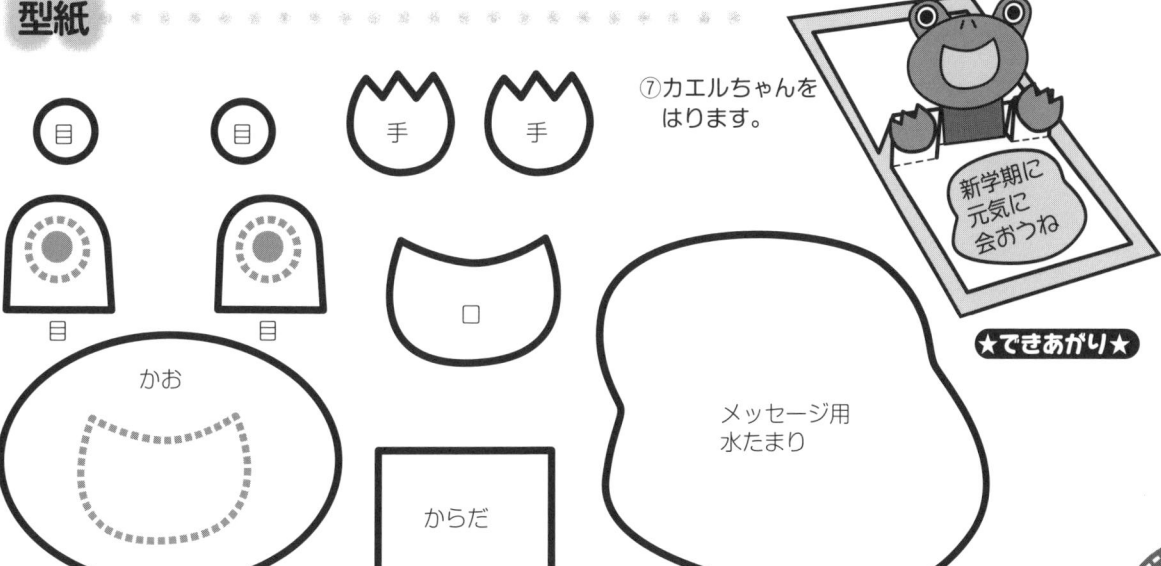

27

夏につかえるカード

- 暑中見舞い
- 残暑見舞い
- 遠足のお知らせ　など

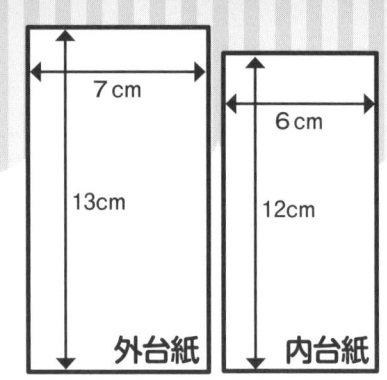

早おきしよう あさがお

パーツをつくります

①あさがおをつくります。

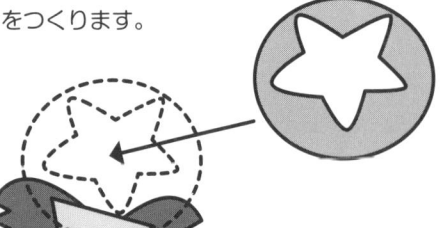

台紙をつくります

①内台紙を半分に折ってきりこみをいれます。

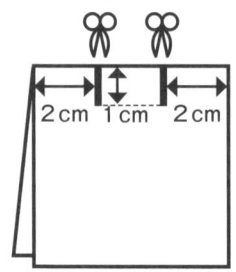

②きりこみを折ります。

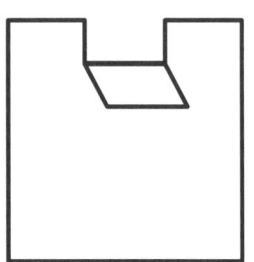

③ひらいてとびださせます。

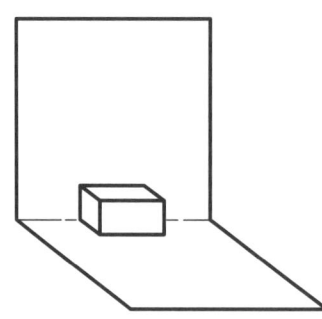

④内台紙に外台紙をはりあわせます。

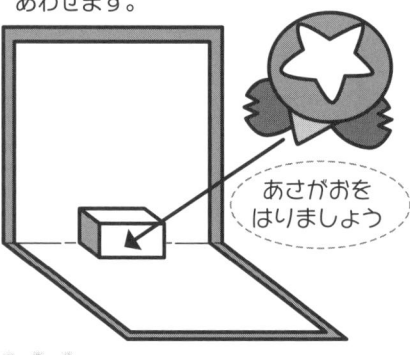

あさがおを はりましょう

型紙

あさがお

あさがお

★できあがり★

暑中お見舞い 申し上げます

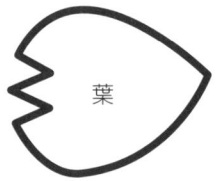
葉

葉

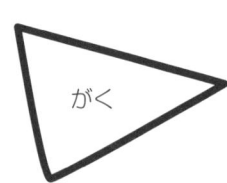
がく

夏につかえるカード

- ●暑中見舞い
- ●残暑見舞い
- ●遠足のお知らせ　など

7cm
13cm
外台紙
6cm
12cm
内台紙

海にいるよ ふとっちょカニさん

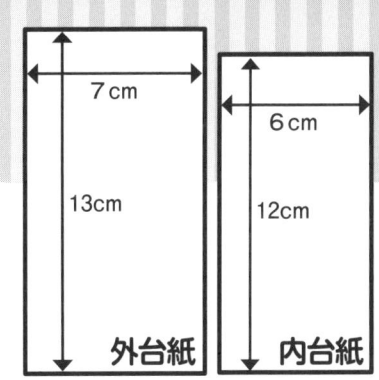

パーツをつくります

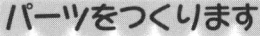

①カニさんをつくります。

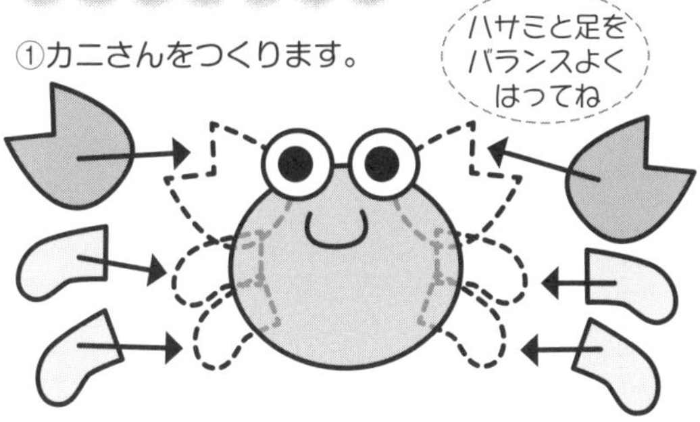

ハサミと足を
バランスよく
はってね

台紙をつくります

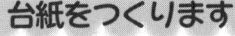

①内台紙を半分に折ってきりこみをいれます。

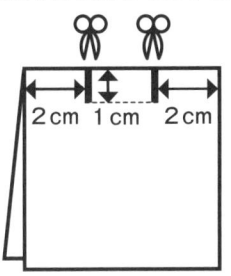

2cm
1cm
2cm

②きりこみを折ります。

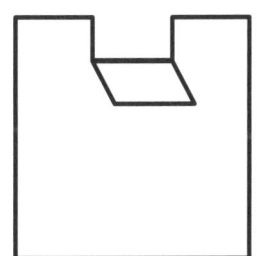

③ひらいてとびださせます。

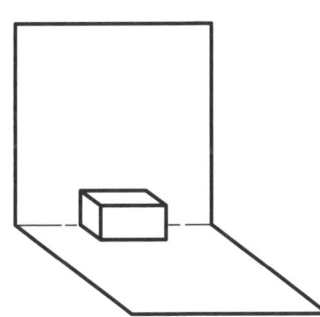

④内台紙に外台紙をはりあわせます。

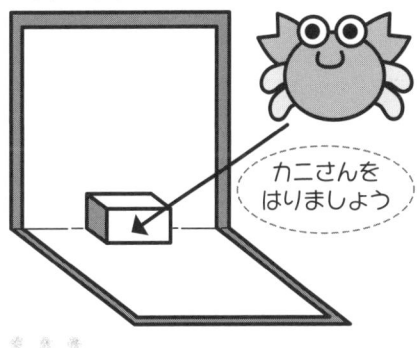

カニさんを
はりましょう

ふとりすぎ
じゃない？
残暑見舞い
申し上げます
海にいってきたよ！

★できあがり★

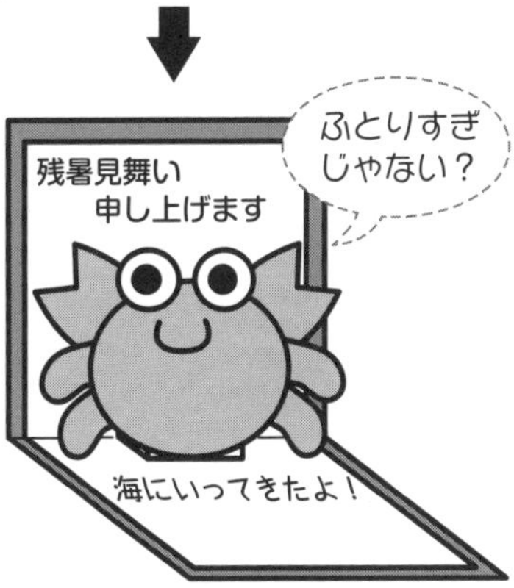

型紙

はさみ
はさみ
目
目
足
足
足
足
からだ

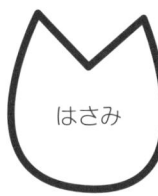

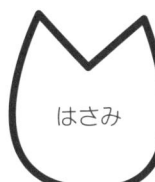

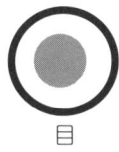

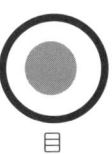

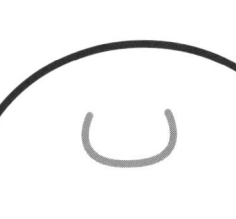

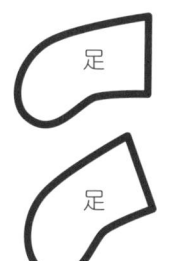

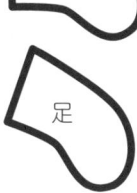

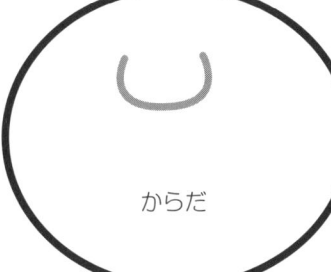

夏につかえるカード

●暑中見舞い
●残暑見舞い
●バースデーカード　など

ぱたぱた カモメさん

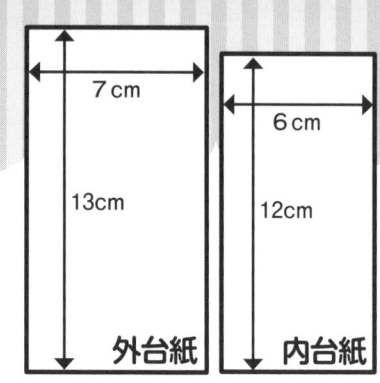

パーツをつくります

①カモメさんのかおをつくります。

はねも
つくりましょう

台紙をつくります

①内台紙を半分に折ってきりこみをいれます。

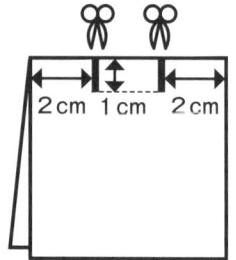

②きりこみを折ります。　③ひらいてとびださせます。　④内台紙に外台紙をはりあわせます。　⑤内台紙にカモメさんのはねをはります。

はる場所を
まちがえない
ようにね

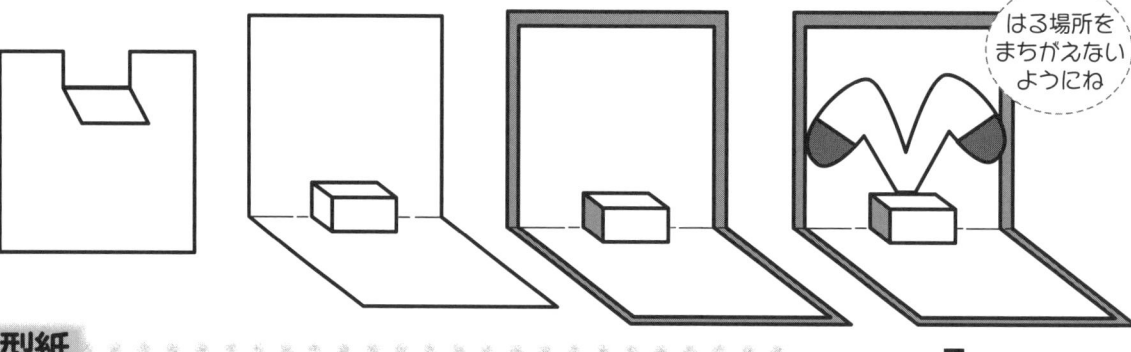

型紙

⑥とびだした部分に、カモメさんのかおをはります。

カードを閉じたり
ひらいたりする
と、とんでいるよ
うにみえるよ

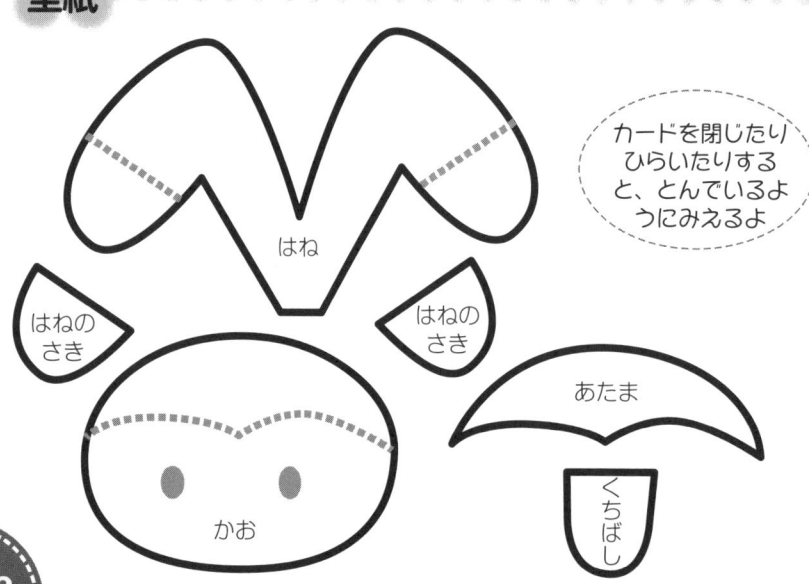

★できあがり★

夏につかえるカード

- 暑中見舞い
- 残暑見舞い
- バースデーカード など

夏はこれだね！
おいしいスイカ

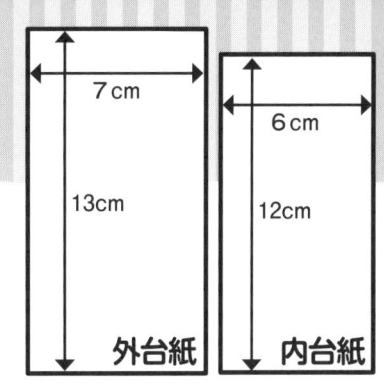

パーツをつくります

①スイカをつくります。

しましまとたねはペンでかいてね

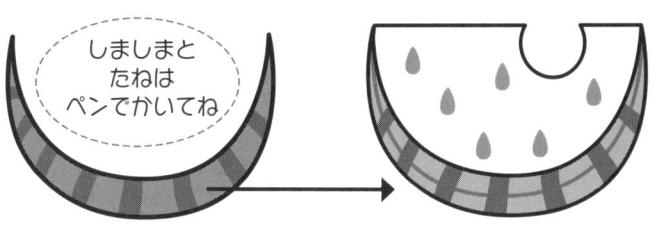

台紙をつくります

①内台紙を半分に折ってきりこみをいれます。

2cm 1cm 2cm

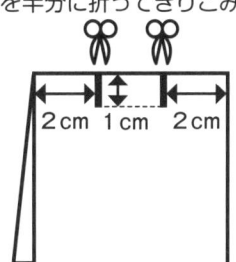

②きりこみを折ります。

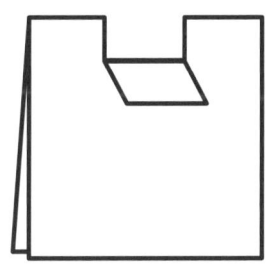

③ひらいてとびださせます。

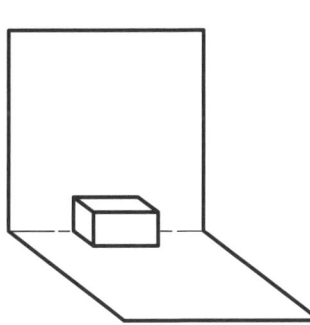

④内台紙に外台紙をはりあわせます。

スイカをはりましょう

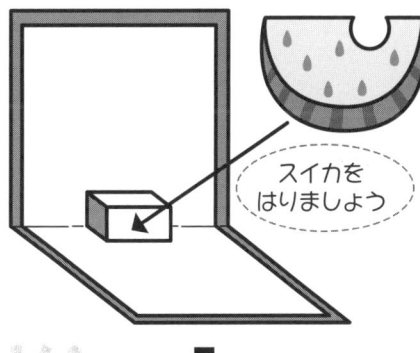

★できあがり★

暑中お見舞い申し上げます

かじった人だあれ？

型紙

スイカ

スイカのかわ

夏につかえるカード

- 暑中見舞い
- 残暑見舞い
- バースデーカード など

出航します！ぽんぽん船

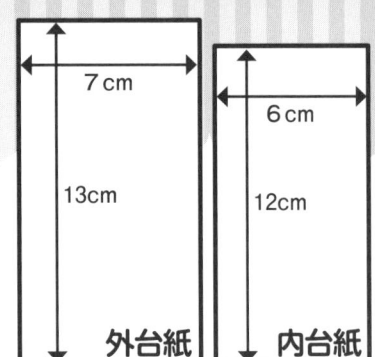

パーツをつくります

①ぽんぽん船をつくります。

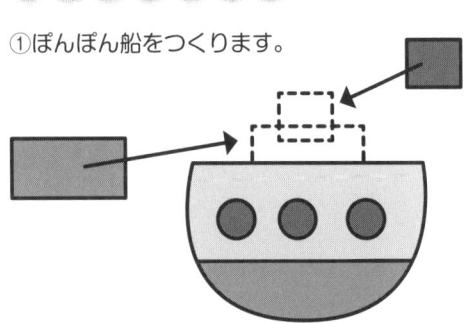

台紙をつくります

①内台紙を半分に折って折線にそって折ります。

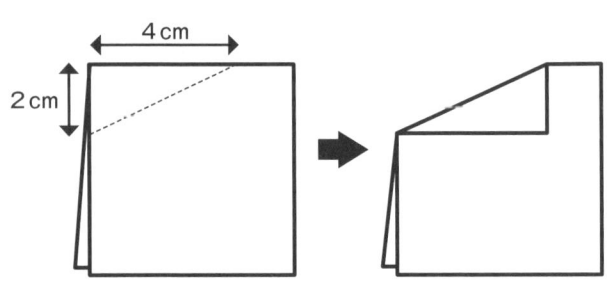

②ひらいてとびださせます。

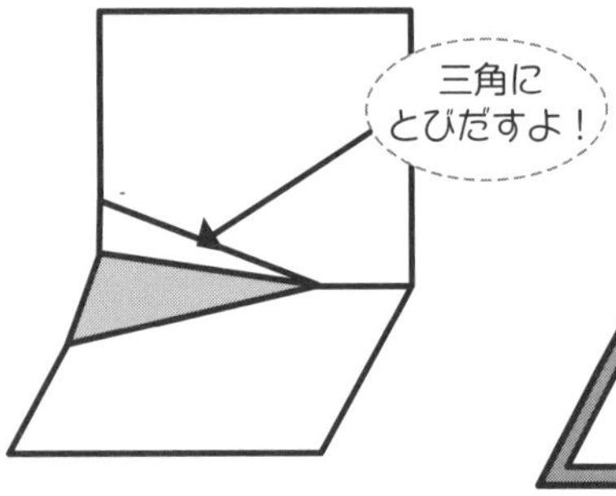

三角にとびだすよ！

③外台紙をはりあわせます。

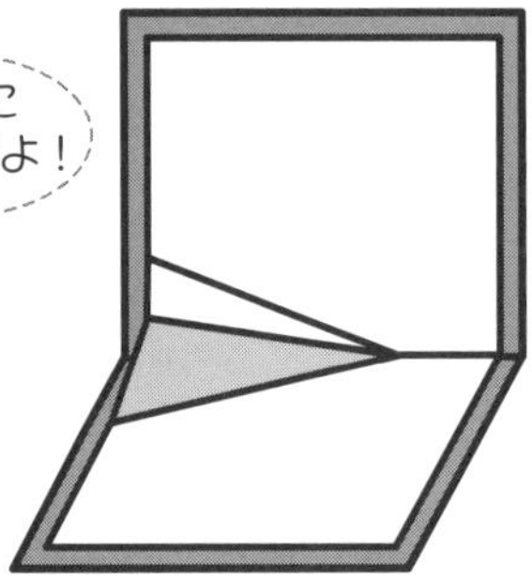

④船を、とびだした部分にはります。

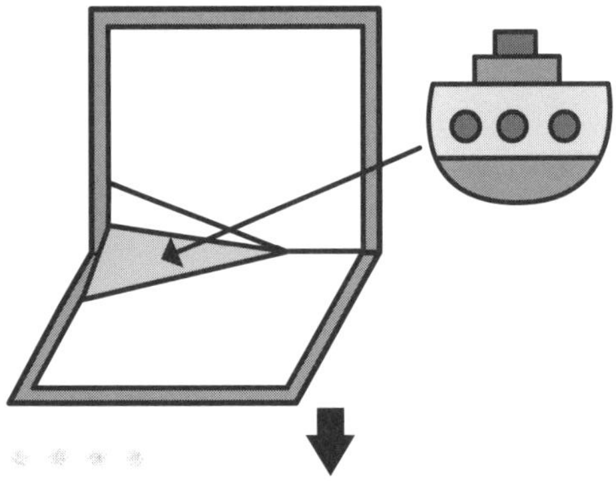

⑤けむりをはります。

★できあがり★

型紙

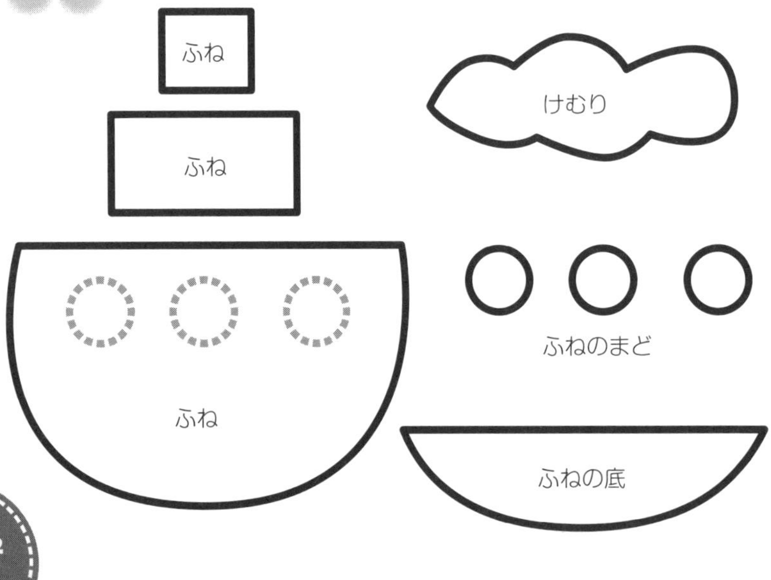

ふね / ふね / ふね / けむり / ふねのまど / ふねの底

夏につかえるカード

うっしっし クジラさん

- 暑中見舞い
- 残暑見舞い
- バースデーカード など

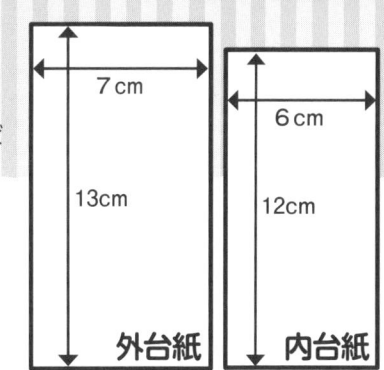

パーツをつくります

台紙をつくります

① クジラさんのあたまをつくります。

クジラさんのおびれとしおふきもきっておきましょう

① 内台紙を半分に折ってきりこみをいれます。

② きりこみを折ります。次に、折り線にそって折ります。

③ ひらいてとびださせます。ふたつ、とびだします。

④ 外台紙をはりあわせます。

しおふきを内台紙にはります

型紙

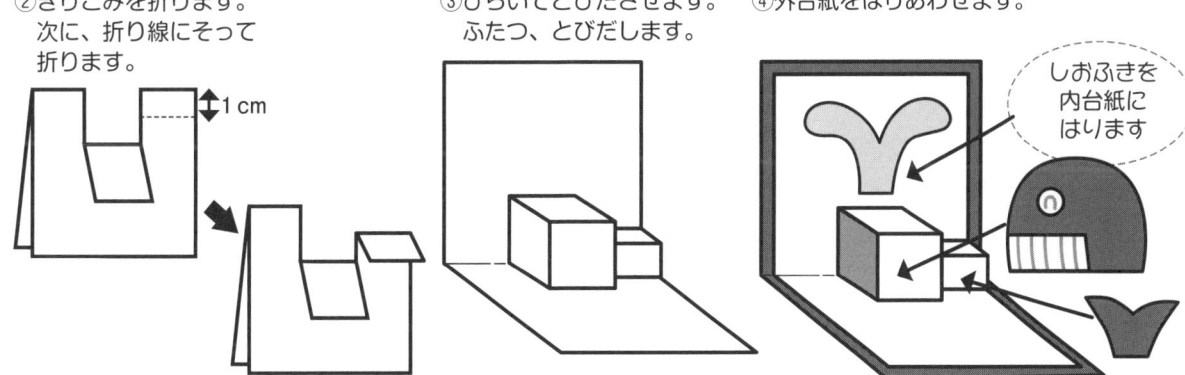

しおふき

目

あたま

おびれ

⑤ クジラさんのあたまとおびれをはります。

★できあがり★

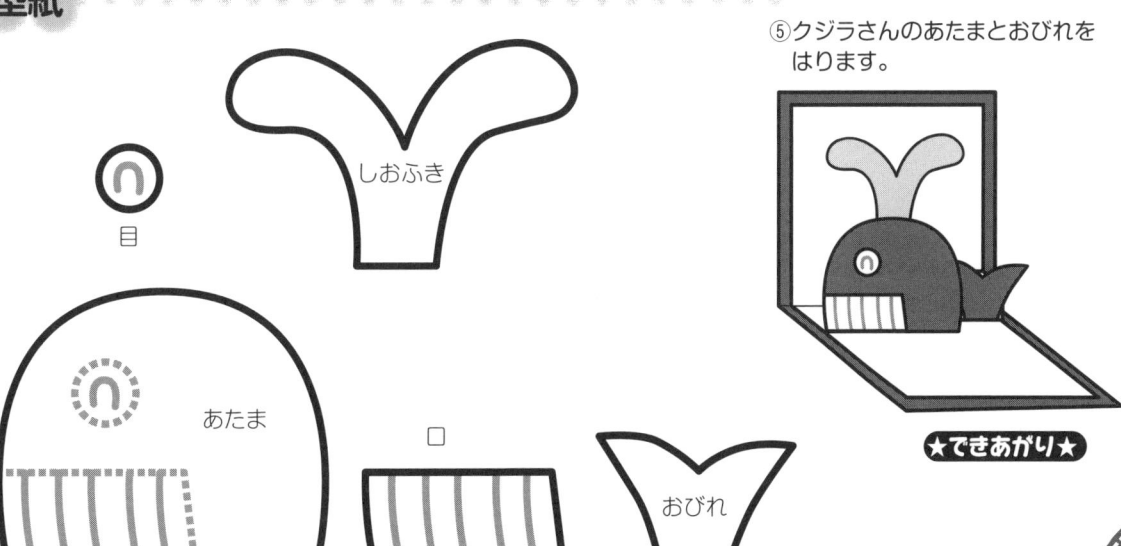

33

夏につかえるカード

夏まつり ぱたぱたうちわ

- 暑中見舞い
- 残暑見舞い
- バースデーカード など

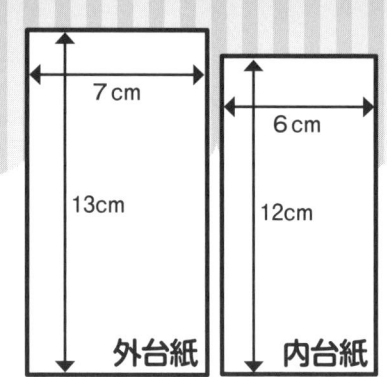
外台紙 7cm × 13cm
内台紙 6cm × 12cm

パーツをつくります

①うちわをつくります。

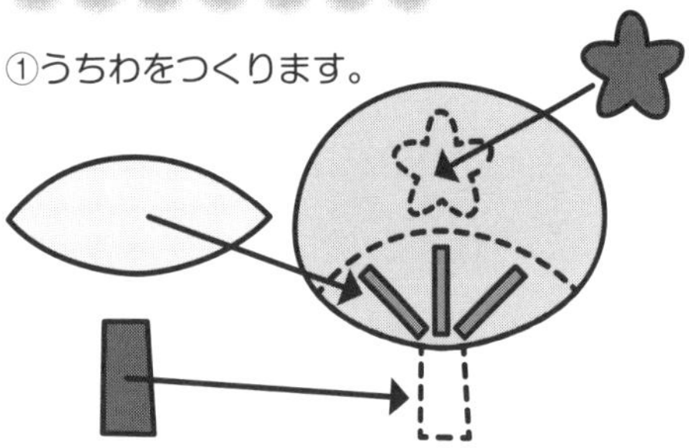

台紙をつくります

①内台紙を半分に折って折線にそって折ります。

2.5cm / 2.5cm

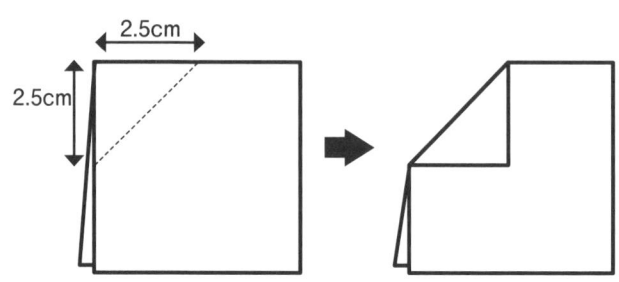

②ひらいてとびださせます。

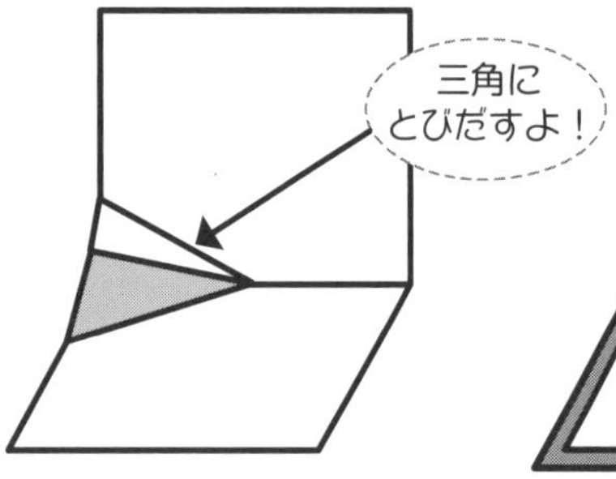

三角にとびだすよ！

③外台紙をはりあわせます。

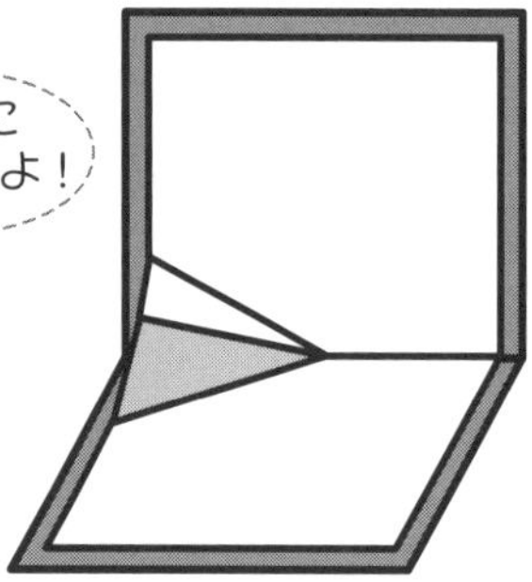

④うちわを、とびだした部分にはります。

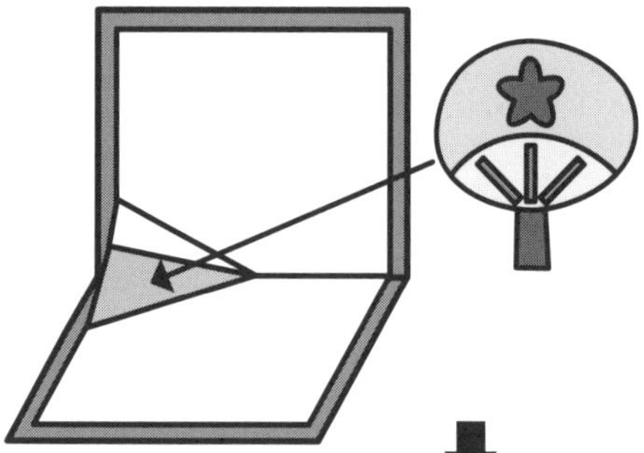

型紙

うちわ

うちわ

かざり

持ち手

★できあがり★

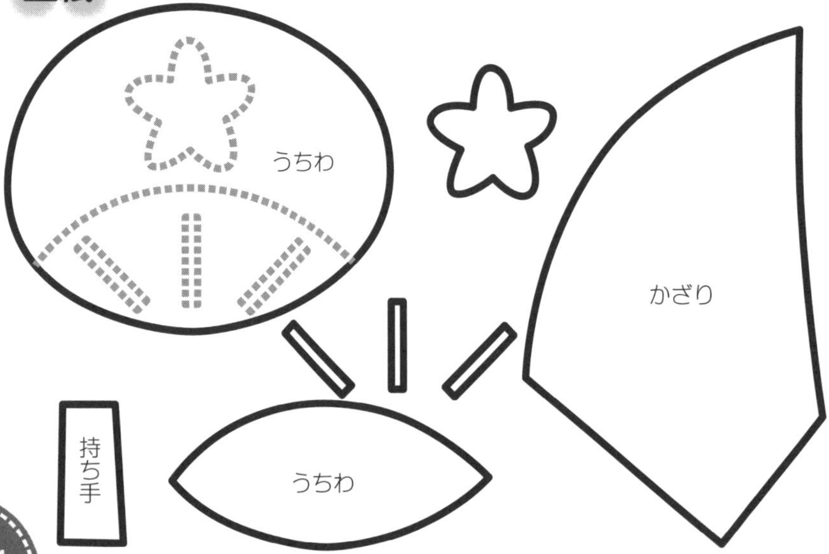

秋につかえるカード

- 遠足、運動会のお知らせ
- 学芸会、発表会
- バースデーカード など

ひらひら イチョウちゃん

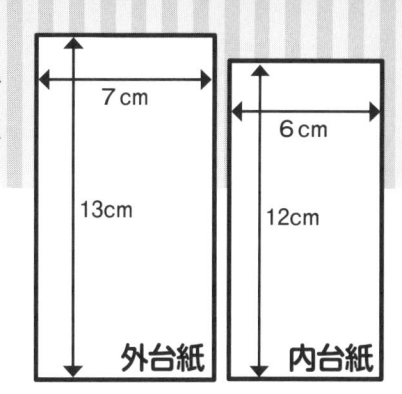

外台紙 7cm × 13cm
内台紙 6cm × 12cm

パーツをつくります

①イチョウちゃんをつくります。

きって、かおをかくだけ！

台紙をつくります

①内台紙を半分に折ってきりこみをいれます。

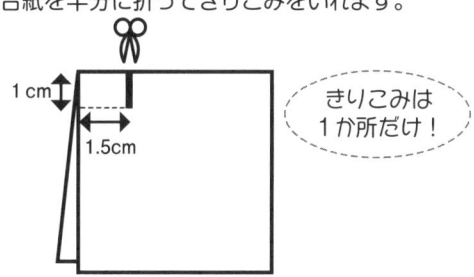

1cm / 1.5cm

きりこみは1か所だけ！

②きりこみを折ります。

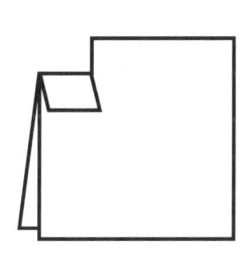

③ひらいてとびださせます。

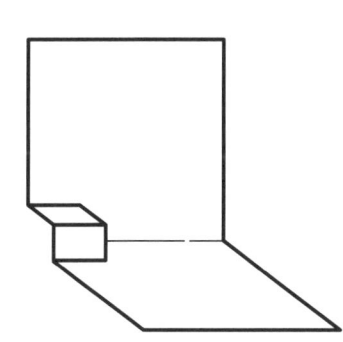

④外台紙をはりあわせます。

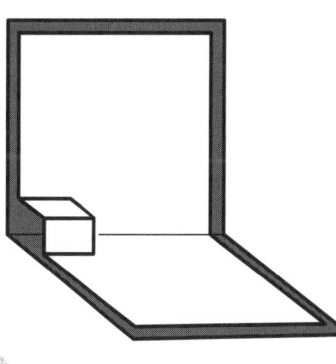

⑤イチョウちゃんをはります。

えへへ

型紙

イチョウ 大

目

イチョウ かざり

イチョウ 小

★できあがり★

秋につかえるカード

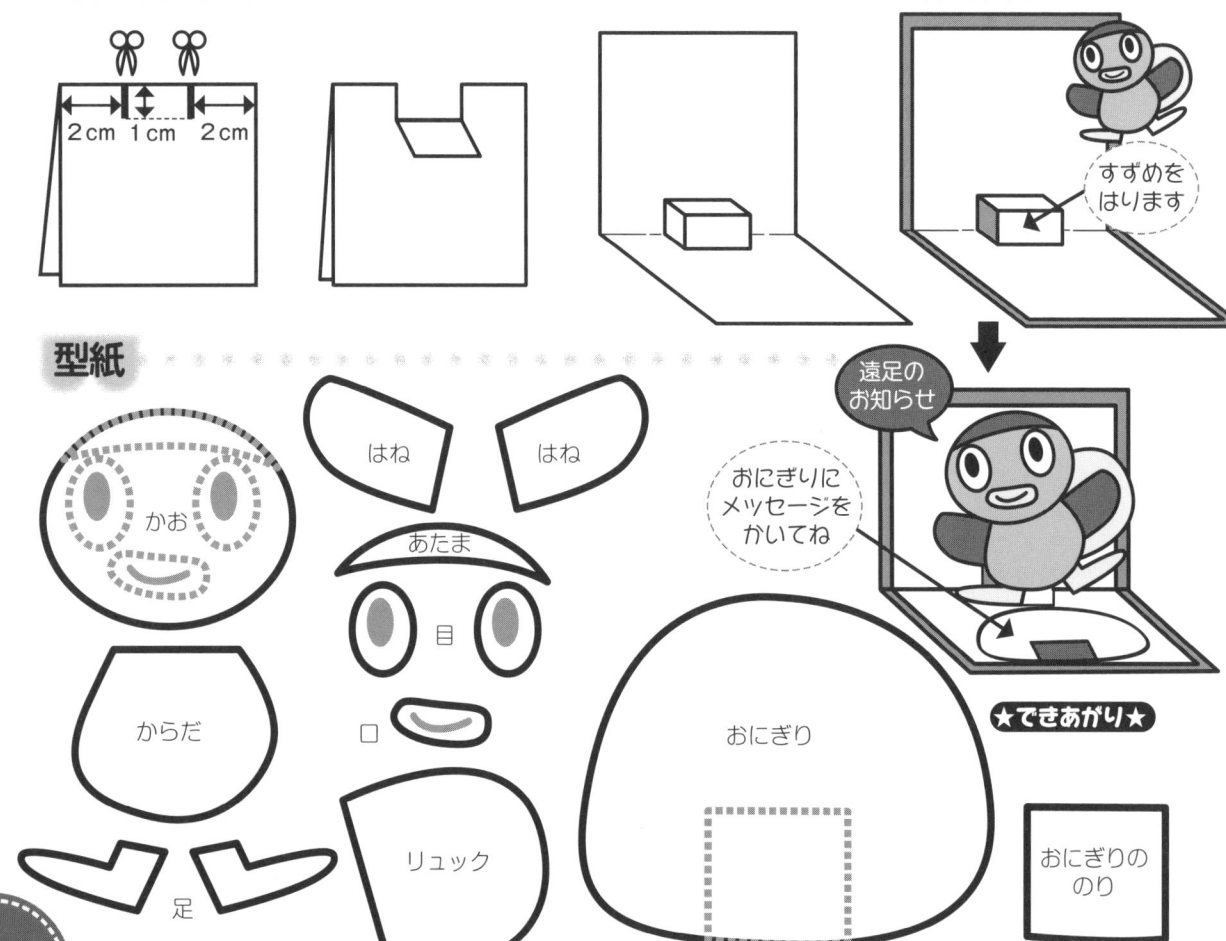

- 遠足、運動会のお知らせ
- 学芸会、発表会
- バースデーカード　など

おにぎり持って遠足すずめ

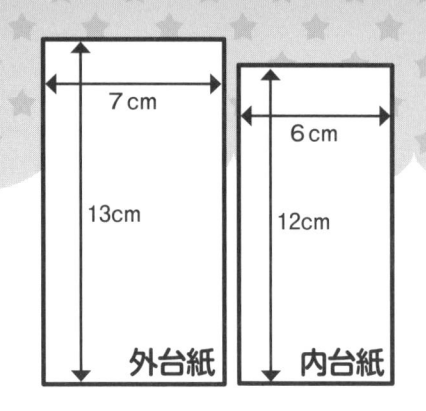

外台紙 7cm × 13cm
内台紙 6cm × 12cm

パーツをつくります

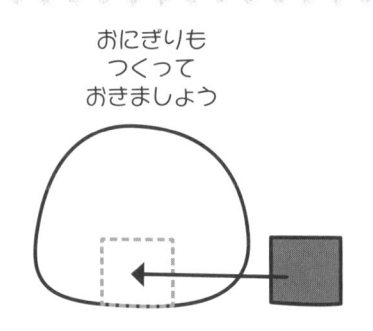

①すずめをつくります。

おにぎりもつくっておきましょう

台紙をつくります

①内台紙を半分に折ってきりこみをいれます。
2cm　1cm　2cm

②きりこみを折ります。

③ひらいてとびださせます。

④内台紙に外台紙をはりあわせます。

すずめをはります

遠足のお知らせ

おにぎりにメッセージをかいてね

★できあがり★

型紙

かお
はね　はね
あたま
目
からだ
口
おにぎり
リュック
足
おにぎりののり

秋につかえるカード

●遠足、運動会のお知らせ
●学芸会、発表会
●バースデーカード など

学芸会・発表会
おんぷちゃん

7cm / 13cm 外台紙
6cm / 12cm 内台紙

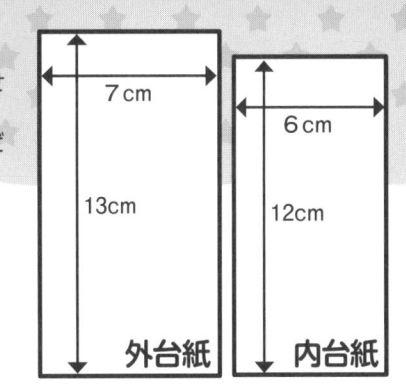

パーツをつくります

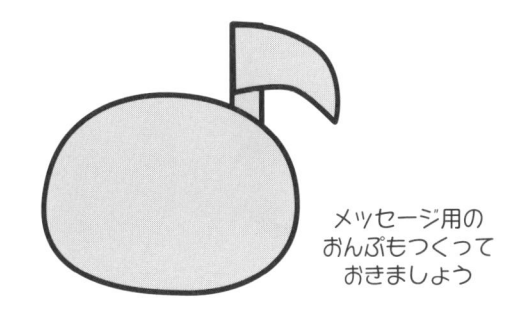

①おんぷちゃんをつくります。

メッセージ用の
おんぷもつくって
おきましょう

台紙をつくります

①内台紙を半分に折って
きりこみをいれます。

2cm　1cm　2cm

②きりこみを折ります。

③ひらいてとびださせます。

④内台紙に外台紙をはり
あわせます。

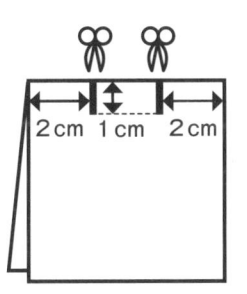

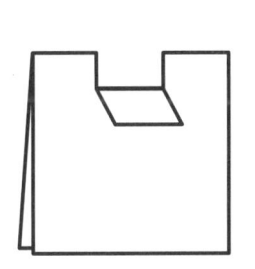

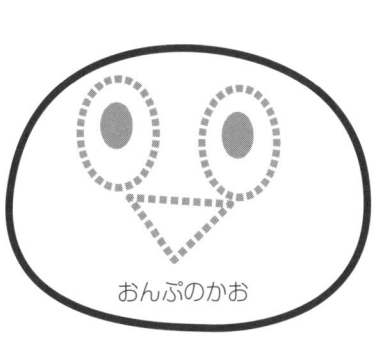

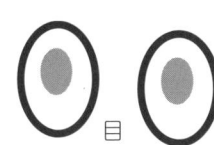

おんぷを
はります

型紙

おんぷのかお

おんぷのはね

おんぷのぼう

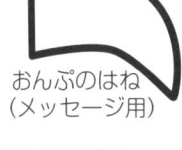

口

目

おんぷのかお
（メッセージ用）

おんぷのはね
（メッセージ用）

おんぷのぼう
（メッセージ用）

学芸会に
きてください

★できあがり★

10月2日
10時から

37

秋につかえるカード

- ハロウィンパーティーのお知らせ
- 学芸会、発表会
- バースデーカード　など

ハッピー！ハロウィン！！

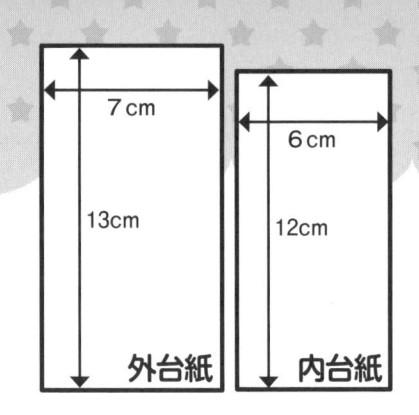

外台紙: 7cm × 13cm
内台紙: 6cm × 12cm

パーツをつくります

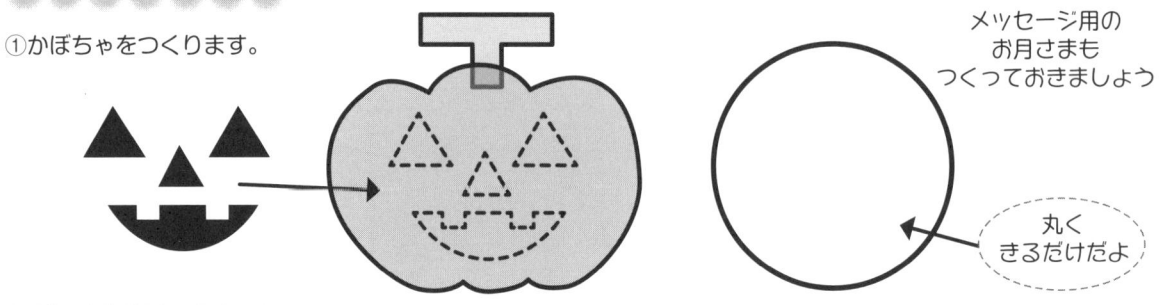

①かぼちゃをつくります。

メッセージ用のお月さまもつくっておきましょう

丸くきるだけだよ

台紙をつくります

①内台紙を半分に折ってきりこみをいれます。

2cm　1cm　2cm

②きりこみを折ります。

③ひらいてとびださせます。

④内台紙に外台紙をはりあわせます。

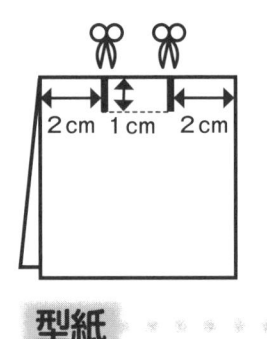

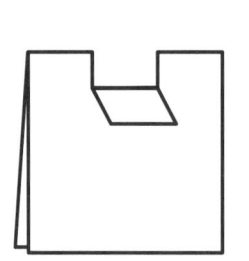

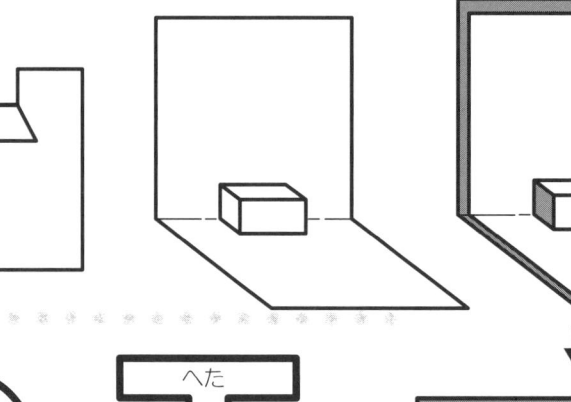

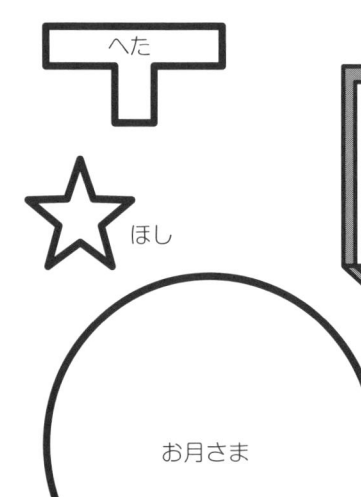

かぼちゃをはります

型紙

かぼちゃ

へた

ほし

かお

お月さま

★できあがり★

秋につかえるカード

● 遠足、きのこがりの お知らせ
● バースデーカード など

外台紙 7cm × 13cm
内台紙 6cm × 12cm

秋がおいしい キノコちゃん

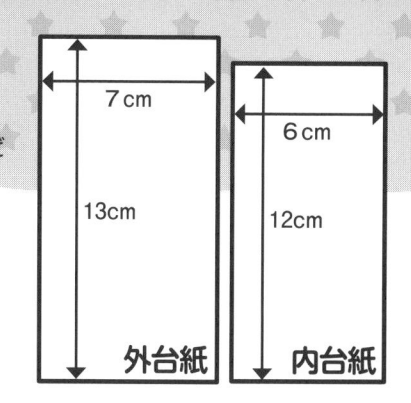

パーツをつくります

①キノコをつくります。

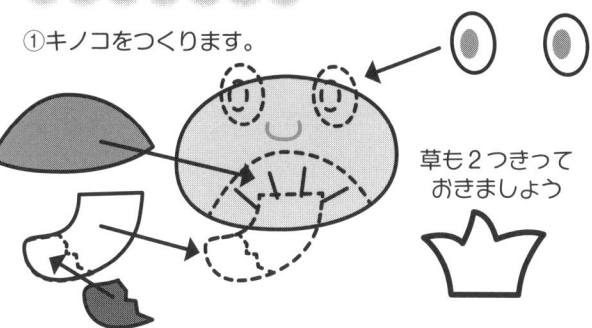

草も2つきっておきましょう

台紙をつくります

①内台紙を半分に折って、折線にそって折ります。
4cm / 1.5cm

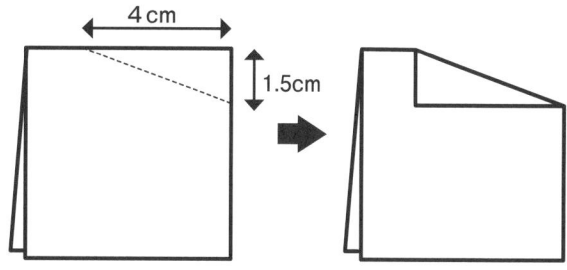

②ひらいてとびださせます。
三角にとびだすよ！

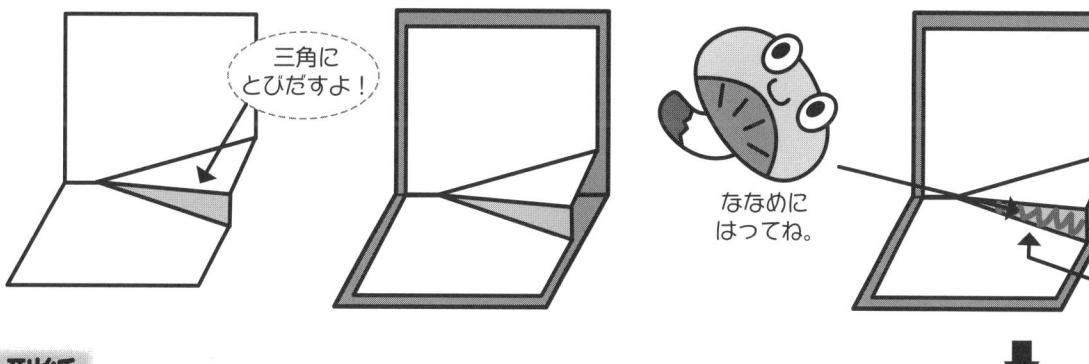

③外台紙をはりあわせます。

④キノコを、とびだした部分にはります。
ななめにはってね。
のり

型紙

キノコ / キノコ / 石づき / 草 / 草

きのこがりにいこう

★できあがり★

秋につかえるカード

- 遠足、いもほりのお知らせ
- 学芸会、発表会
- バースデーカード　など

ほくほく おいしいやきいも

外台紙: 7cm × 9cm
内台紙: 6cm × 12cm

パーツをつくります

① やきいもをつくります。

② 2つにわったやきいももつくります。

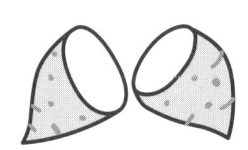

台紙をつくります

① 内台紙を半分に折ってきりこみをいれます。
2cm　1cm　2cm

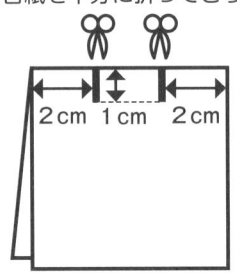

② きりこみを折ります。
次に、2cmの折り目をつけて折ります。
2cm

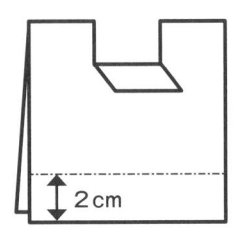

③ ひらいてとびださせます。

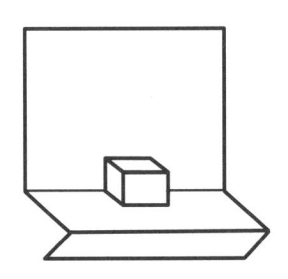

④ 内台紙に外台紙をはりあわせます。

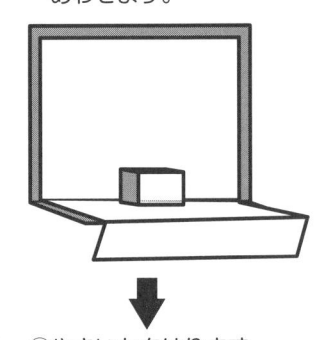

⑤ やきいもをはります。

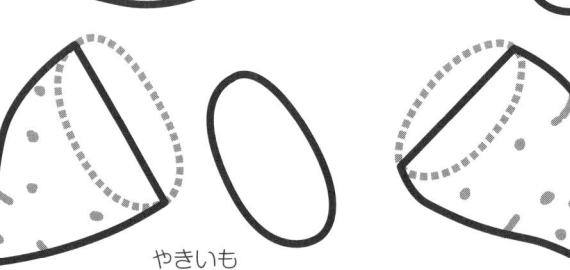

型紙

やきいも

かざりの葉

やきいも

やきいも

★できあがり★

いもほりのお知らせ

秋につかえるカード

- 遠足、運動会のお知らせ
- 学芸会、発表会
- バースデーカード など

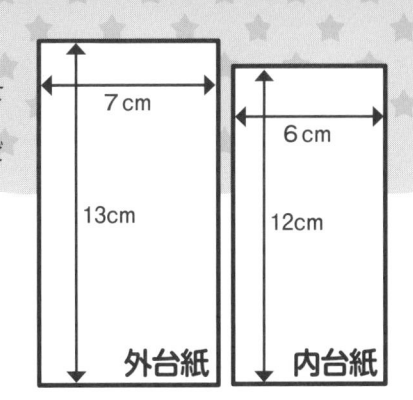

ころころドングリ リスちゃん

外台紙 7cm × 13cm
内台紙 6cm × 12cm

パーツをつくります

①リスちゃんをつくります。
かおをかわいくかいてね
リスちゃんのうしろにしっぽをはります

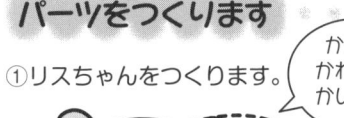

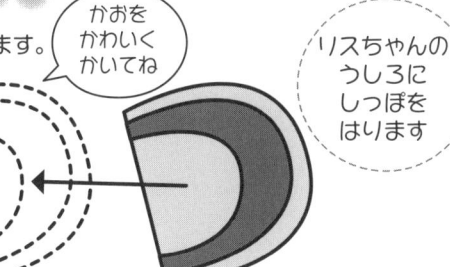

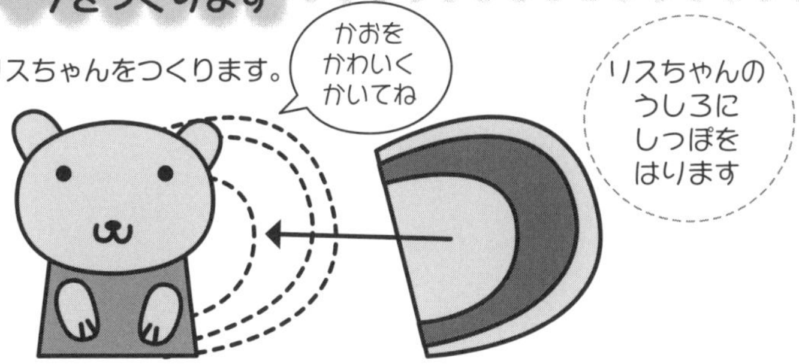

②どんぐりもつくります。

台紙をつくります

①内台紙を半分に折ってきりこみをいれます。
2cm 1cm 2cm

②きりこみを折ります。

③ひらいてとびださせます。

④内台紙に外台紙をはりあわせます。
リスちゃんをはります

★できあがり★

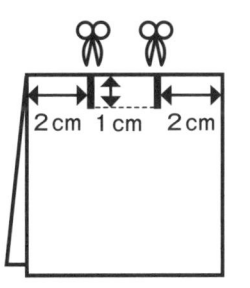

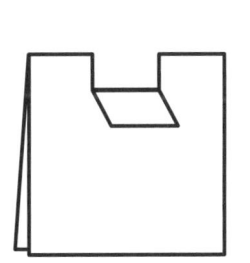

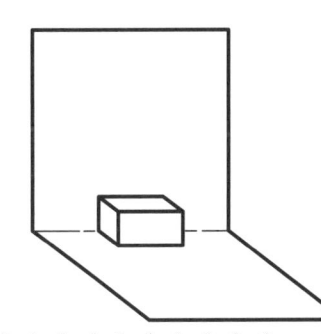

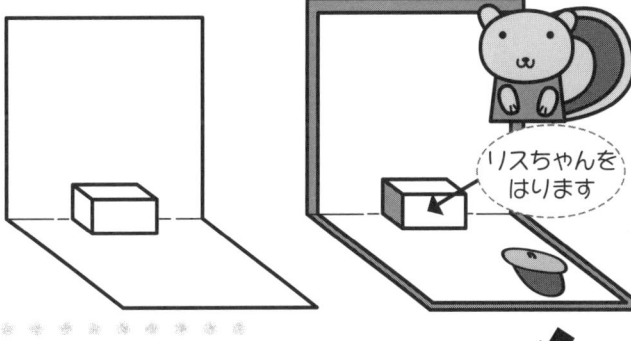

型紙

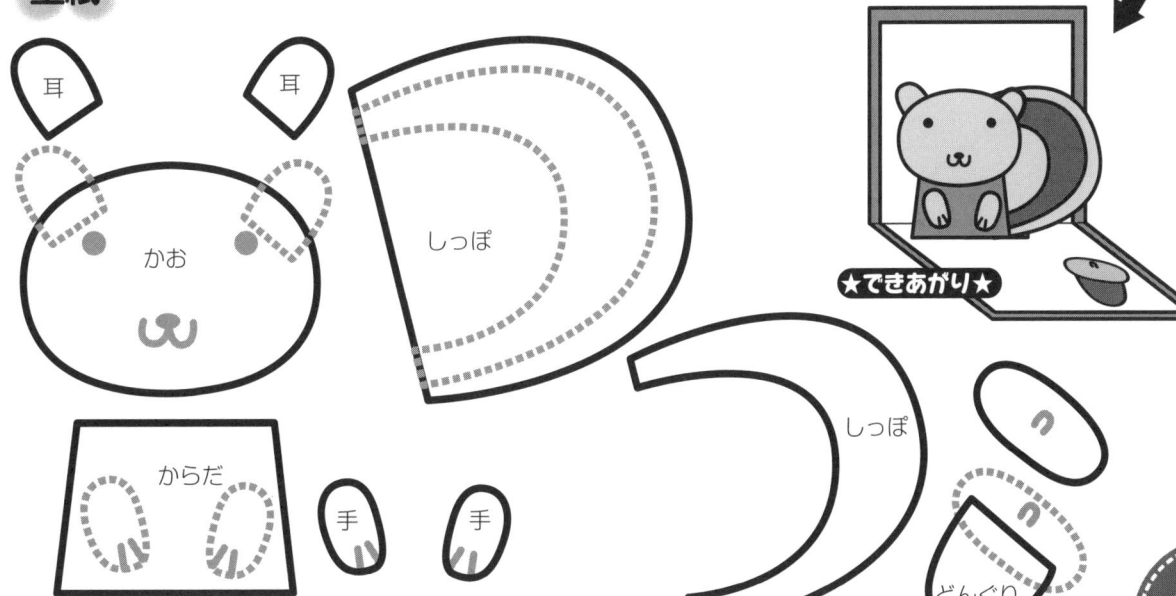

耳　耳　しっぽ　かお　からだ　手　手　しっぽ　どんぐり

41

冬につかえるカード

- クリスマスカード
- 学芸会、発表会
- バースデーカード　など

メリークリスマス
ぽわん あたたかキャンドル

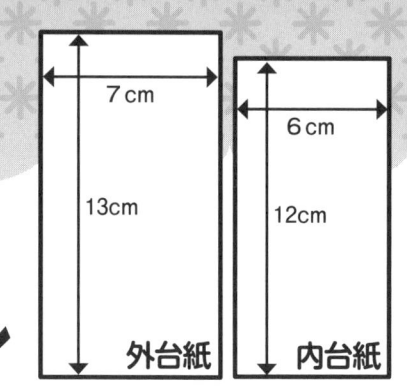

7cm / 13cm 外台紙
6cm / 12cm 内台紙

パーツをつくります

①ろうそくの火をつくります。

②ろうそくをつくります。

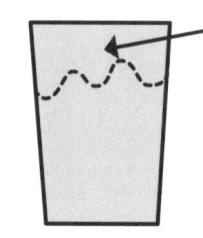

③あかりもきっておいてください。

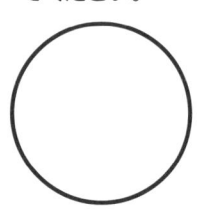

台紙をつくります

①内台紙を半分に折ってきりこみをいれます。

2cm　1cm　2cm

②きりこみを折ります。

③ひらいてとびださせます。

④内台紙に外台紙をはりあわせます。

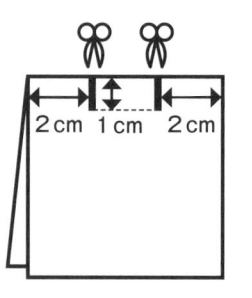

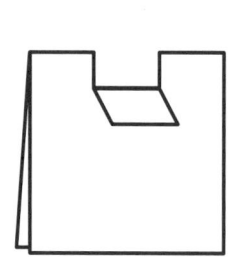

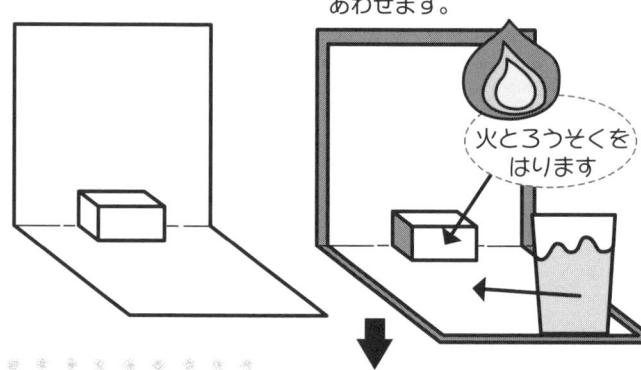

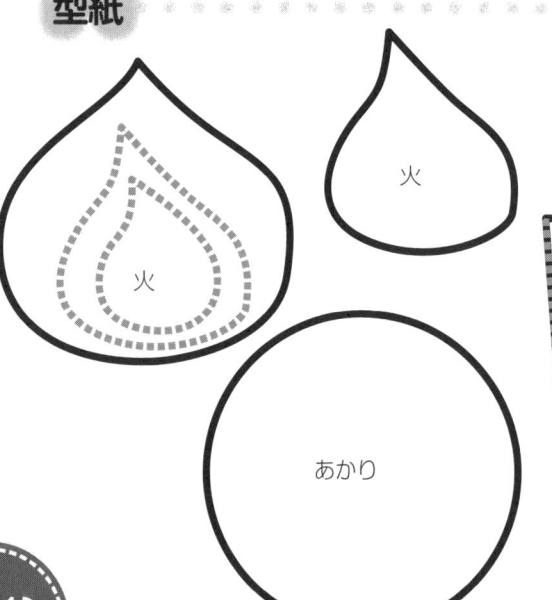

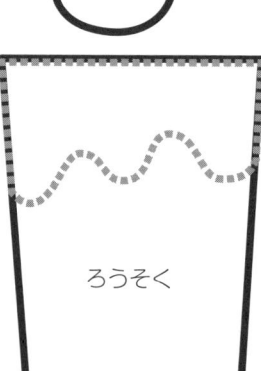

火とろうそくをはります

⑤あかりをはります。

型紙

火
火
あかり
ろうそく
ろうそく

★できあがり★

冬につかえるカード

- クリスマスカード
- 学芸会、発表会
- バースデーカード　など

メリークリスマス もみの木カード

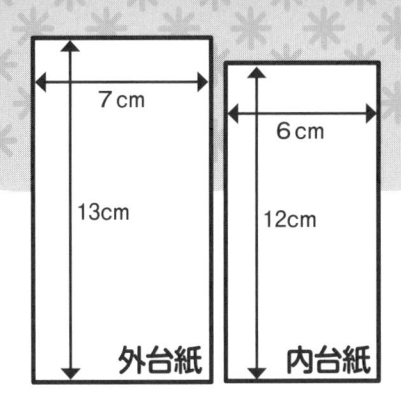

外台紙 7cm × 13cm
内台紙 6cm × 12cm

パーツをつくります

①もみの木をきります。

色を変えた方がきれいです

台紙をつくります

①内台紙を半分に折ってきりこみをいれます。
1cm / 2cm

②きりこみを折ります。

③ひらいてとびださせます。

④内台紙に外台紙をはりあわせます。

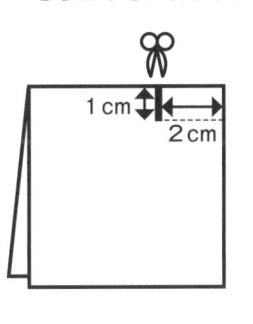

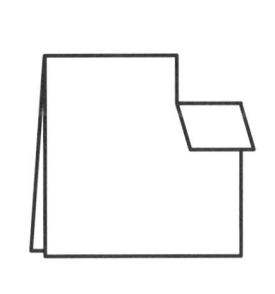

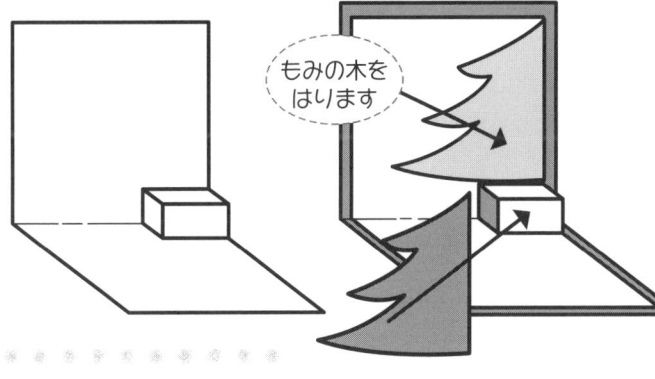

もみの木をはります

型紙

もみのき

かざりのほし

⑤かざりのほしをはります。

★できあがり★

冬につかえるカード

- クリスマスカード
- 学芸会、発表会
- バースデーカード　など

メリークリスマス
手がゆれるサンタさん

糸を用意してください（3センチくらい）

8cm × 15cm　台紙

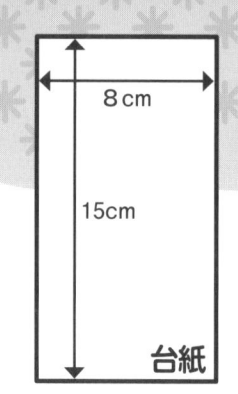

パーツをつくります

① サンタさんのからだを半分に折ります。
　ボタンをはります
　折り目をつけてね

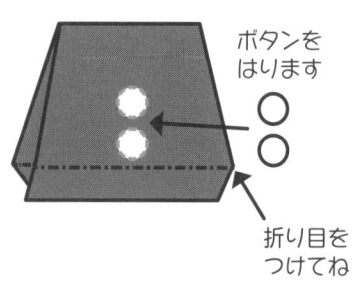

② かおをはります。

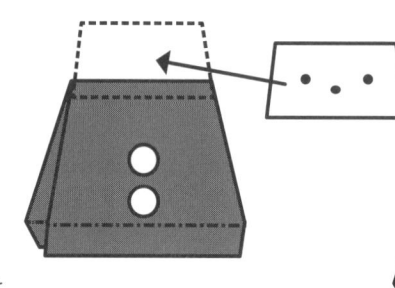

③ ひげとぼうしをはります。

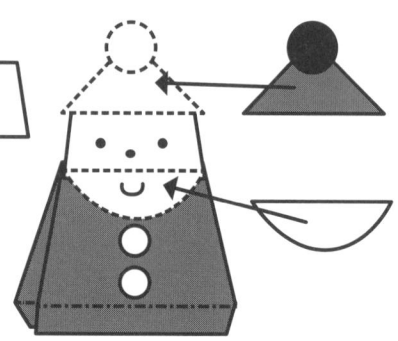

④ 手は別につくっておきます。

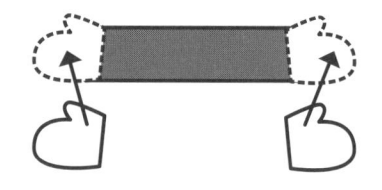

⑤ つまみをつくっておきます。
　たに折り　やま折り　たに折り
　のりをつけてはります

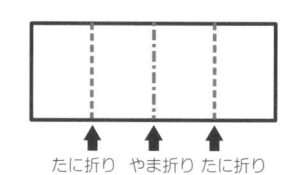

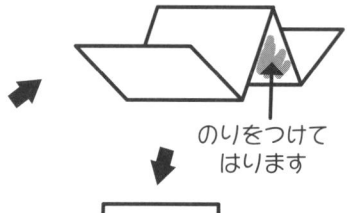

⑥ ③でつくったサンタさんをひらいて、⑤でつくったつまみをはります。

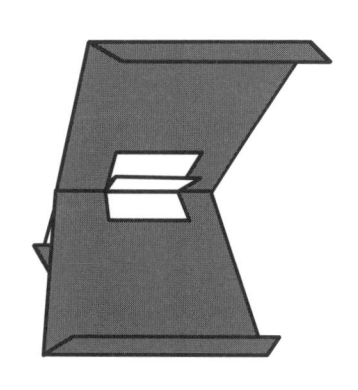

⑦ つまみに糸をテープではります。その糸のさきに④でつくった手をテープではります。

糸

44

⑧折り線にそって折り、のりをつけます。

おもて

うら

のり

のり

⑨まず、おもてだけ、台紙にはります。

⑩台紙を半分に折って、うらもはります。

ぎゅ～っと折ってください

ぎゅ～

⑪ひらくと、サンタさんが立ちます。

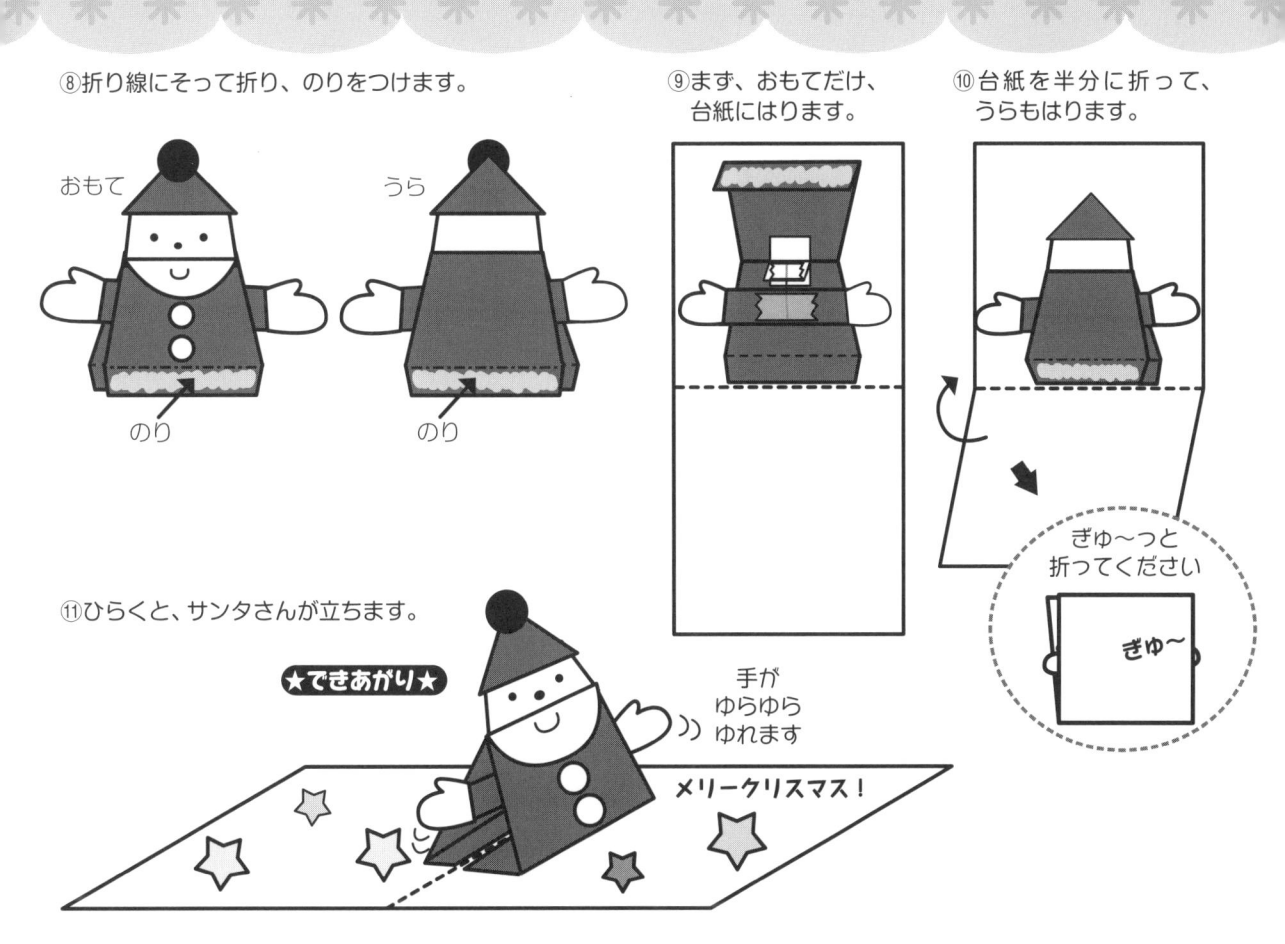

★できあがり★

手がゆらゆらゆれます

メリークリスマス！

型紙

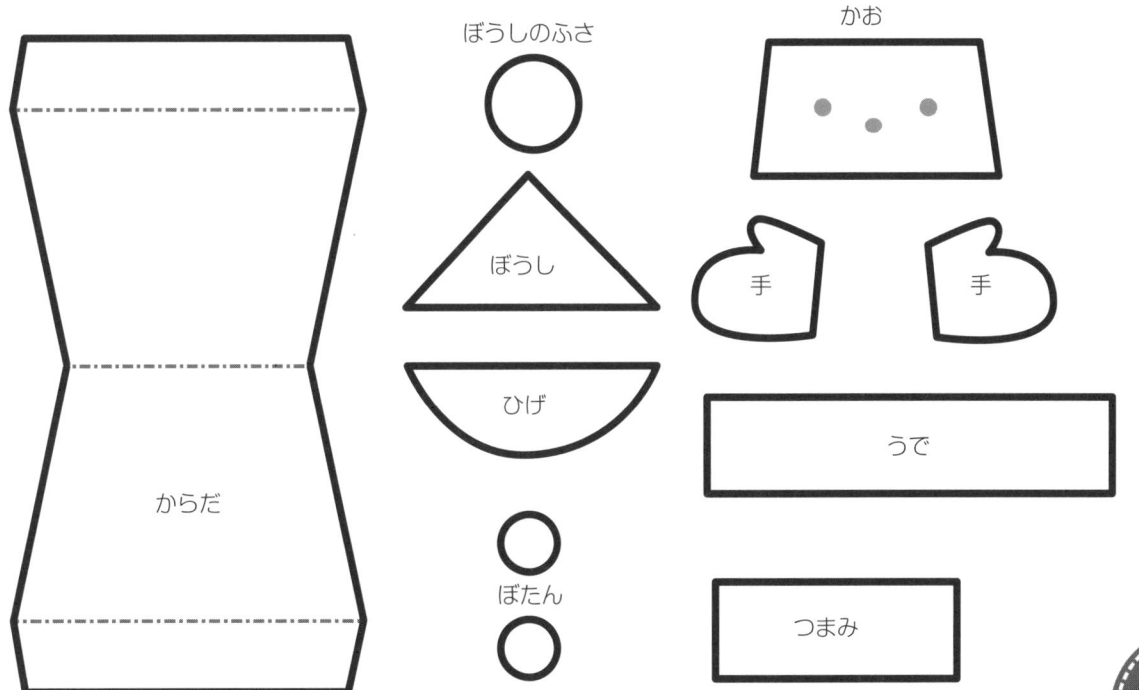

からだ

ぼうしのふさ

ぼうし

ひげ

ぼたん

かお

手　　手

うで

つまみ

冬につかえるカード

- クリスマスカード
- 学芸会、発表会
- バースデーカード　など

メリークリスマス
耳がゆれるトナカイさん

糸を用意してください（3センチくらい）

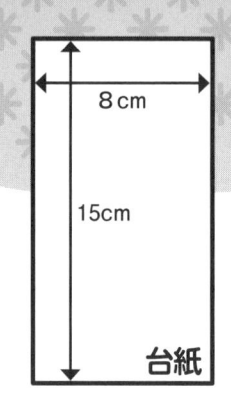

8cm / 15cm　台紙

パーツをつくります

①トナカイさんのかおを半分に折ります。

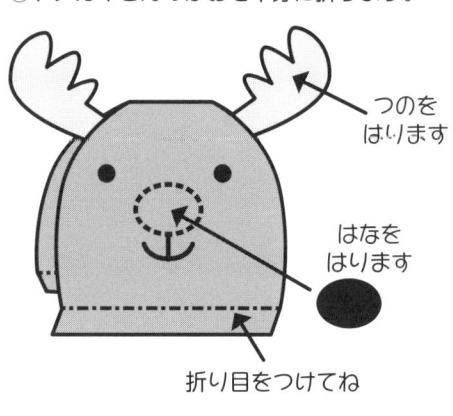

つのをはります
はなをはります
折り目をつけてね

②耳は別につくっておきます。

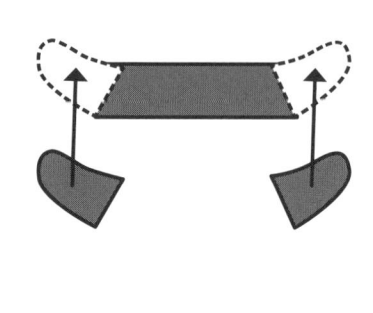

③足とひづめもつくっておきます。

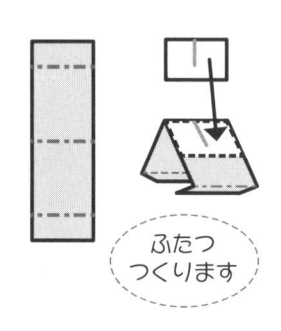

ふたつつくります

④つまみをつくっておきます。

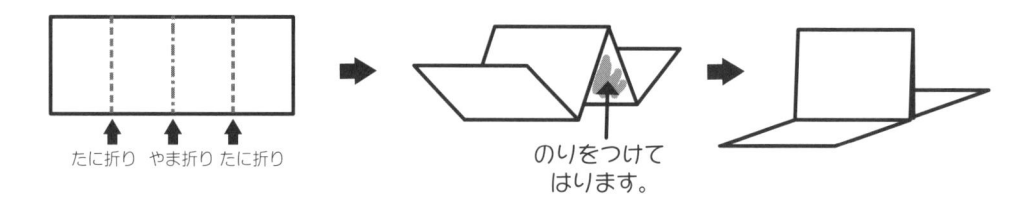

たに折り　やま折り　たに折り

のりをつけてはります。

⑤①でつくったトナカイさんをひらいて、④でつくったつまみをつけます。

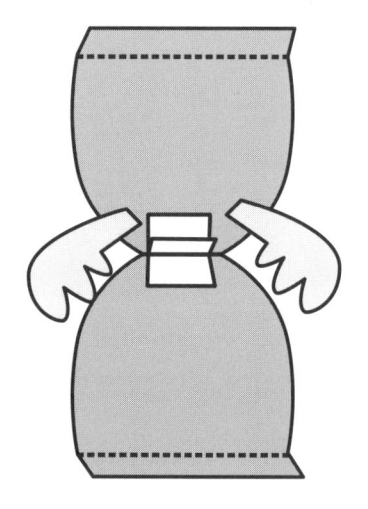

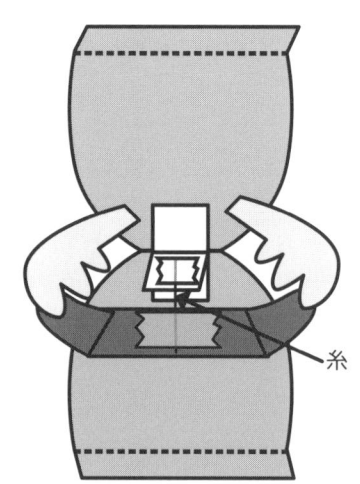

⑥つまみに糸をテープではります。その糸のさきに②でつくった耳をテープではります。

糸

⑦折り線にそって折り、のりをつけます。

おもて　　　　　　うら

のり　　　　　　　のり

⑧まず、おもてだけ台紙にはります。

⑩台紙を半分に折って、うらもはります。

ぎゅ～っと折ってください

ぎゅ～

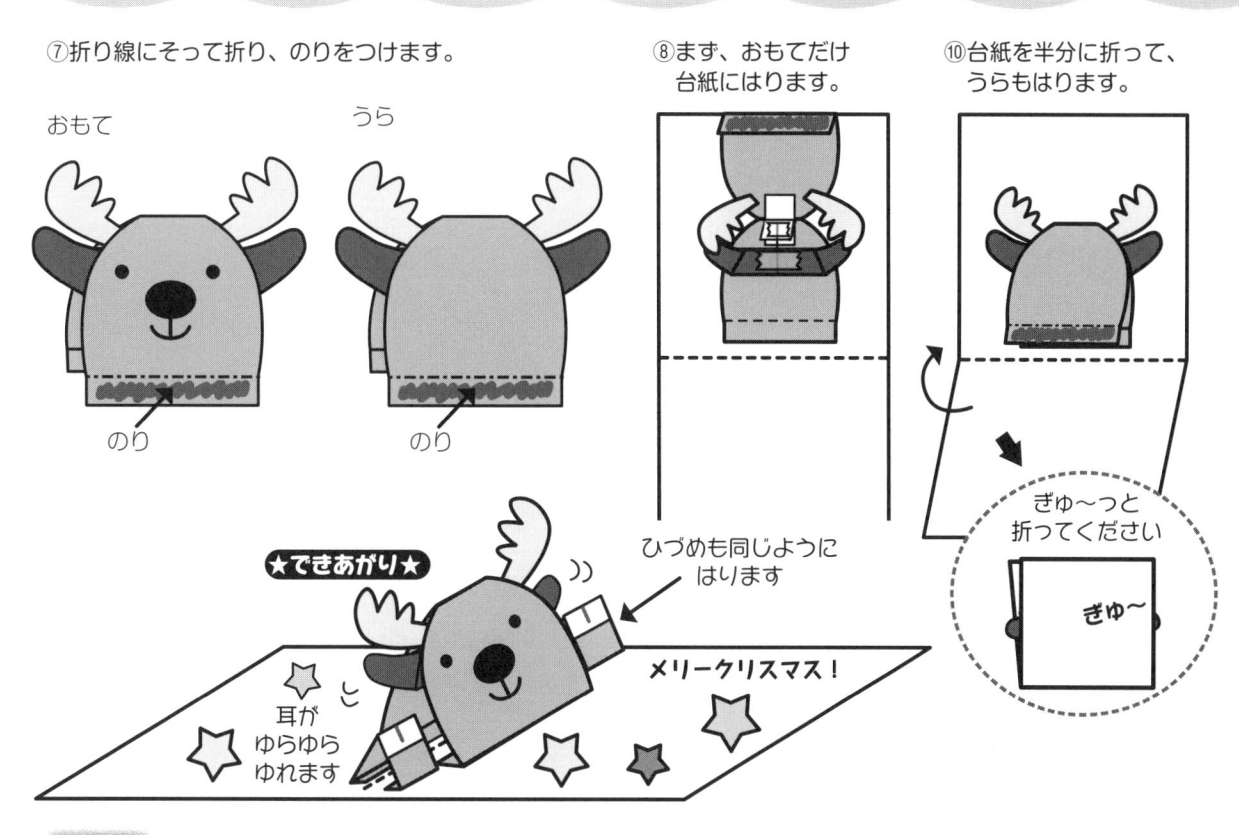

★できあがり★

ひづめも同じようにはります

メリークリスマス！

耳がゆらゆらゆれます

型紙

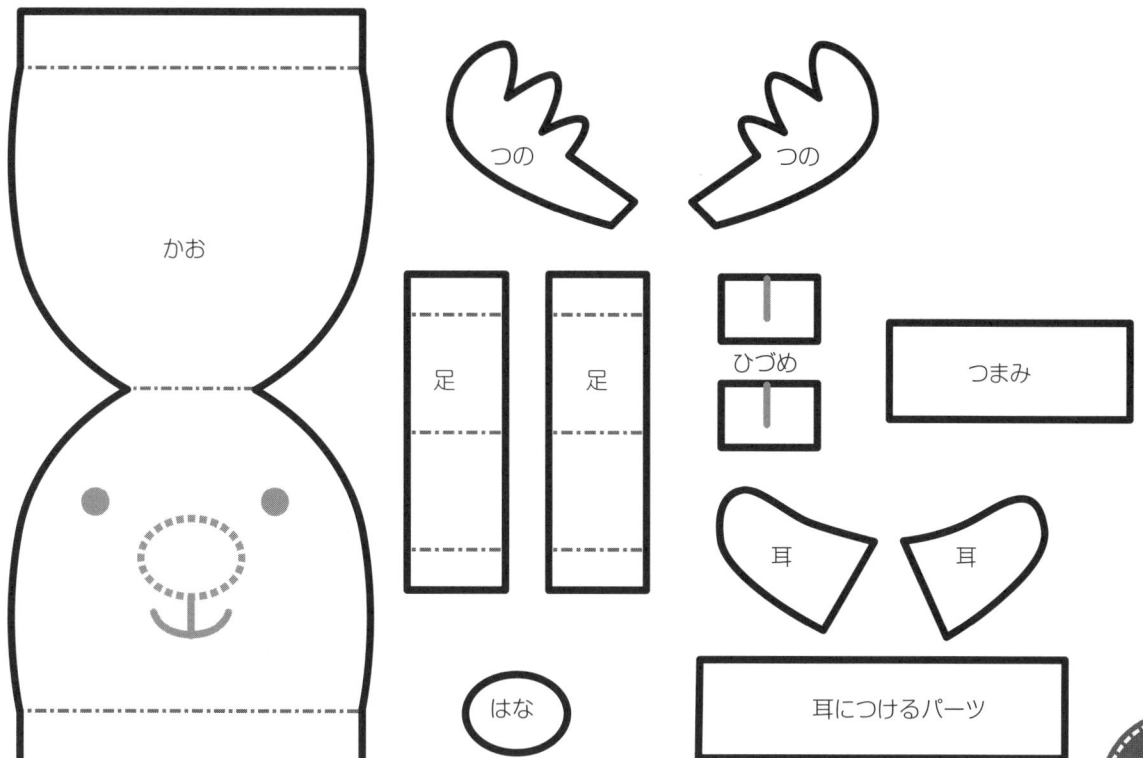

かお

つの　　つの

足　　足

ひづめ

つまみ

耳　　耳

はな

耳につけるパーツ

47

冬につかえるカード

- クリスマスカード
- 学芸会、発表会
- バースデーカード など

メリークリスマス
手がゆれる雪だるまさん

糸を用意してください
（3センチくらい）

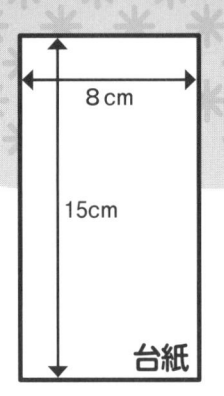

8cm / 15cm　台紙

パーツをつくります

①雪だるまさんのかおを半分に折ります。

- バケツをはります
- かおやボタンをかいてね
- からだをはります
- 折り目をつけてね

②手は別につくっておきます。

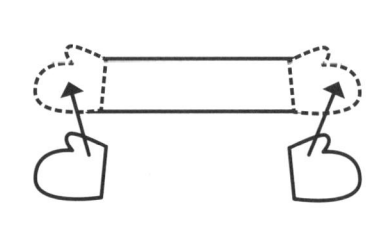

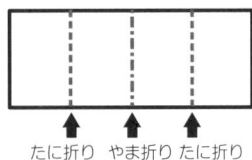

③つまみをつくっておきます。

たに折り　やま折り　たに折り

のりをつけてはります

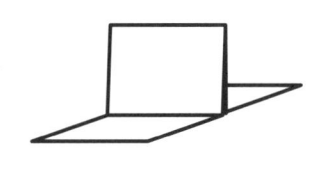

④①でつくった雪だるまさんをひらいて、③でつくったつまみをつけます。

つまみ

⑤つまみに糸をテープではります。その糸のさきに②でつくった手をテープではります。

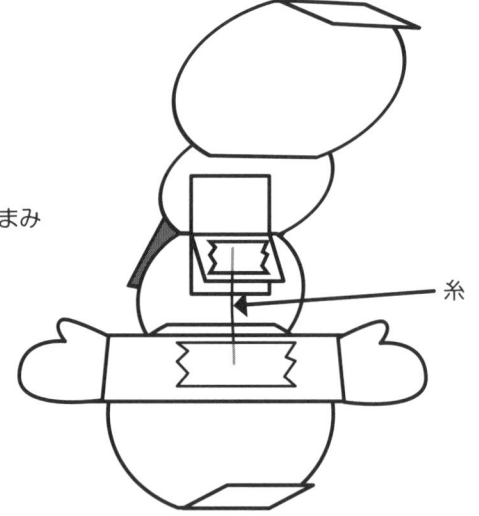

糸

48

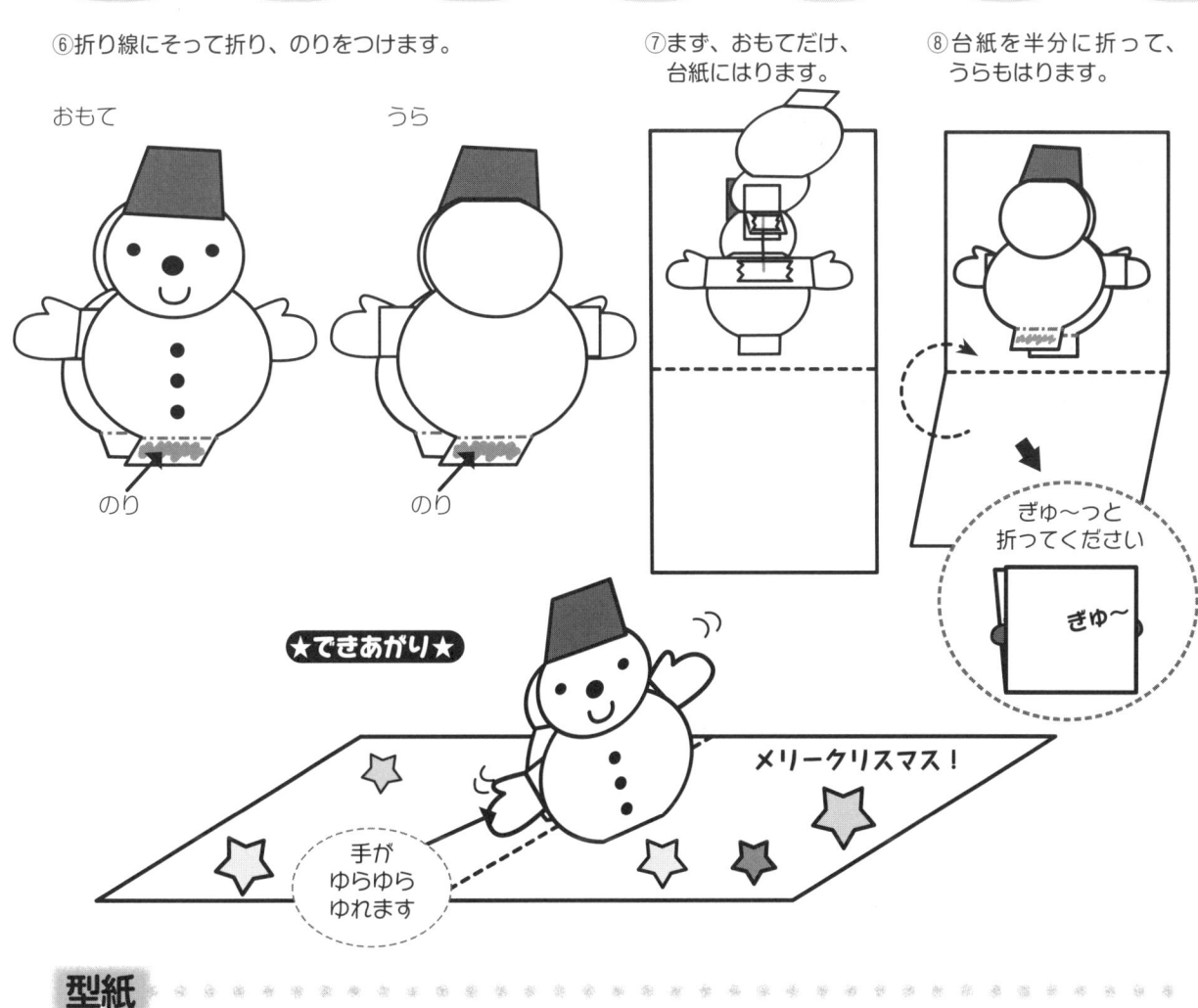

⑥折り線にそって折り、のりをつけます。

おもて

うら

のり

のり

⑦まず、おもてだけ、台紙にはります。

⑧台紙を半分に折って、うらもはります。

ぎゅ～っと折ってください

ぎゅ～

★できあがり★

メリークリスマス！

手がゆらゆらゆれます

型紙

からだ

からだ

かお

手

手

つまみ

バケツ

うで

冬につかえるカード

- クリスマスカード
- 学芸会、発表会
- バースデーカード
- バレンタインデー　など

ハートがいっぱい しろうさぎちゃん

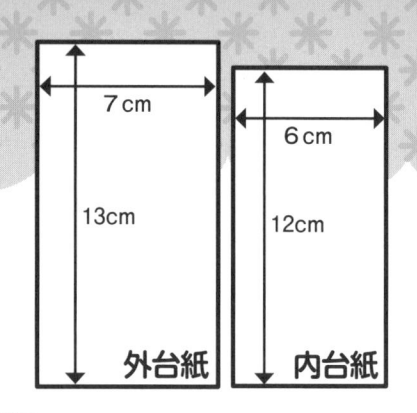

外台紙 7cm × 13cm
内台紙 6cm × 12cm

パーツをつくります

①しろうさぎちゃんをつくります。

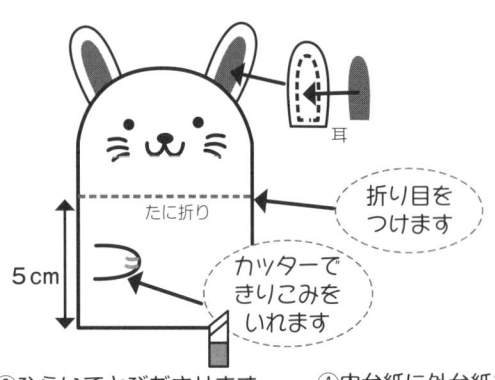

耳
たに折り
折り目をつけます
カッターできりこみをいれます
5cm

台紙をつくります

①内台紙を半分に折ってきりこみをいれます。

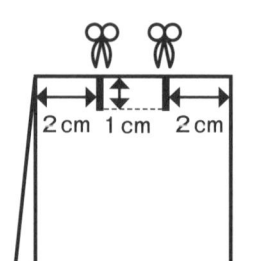

2cm　1cm　2cm

②きりこみを折ります。

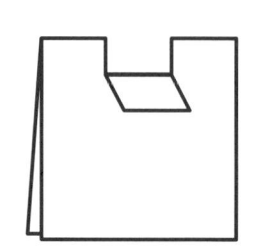

③ひらいてとびださせます。

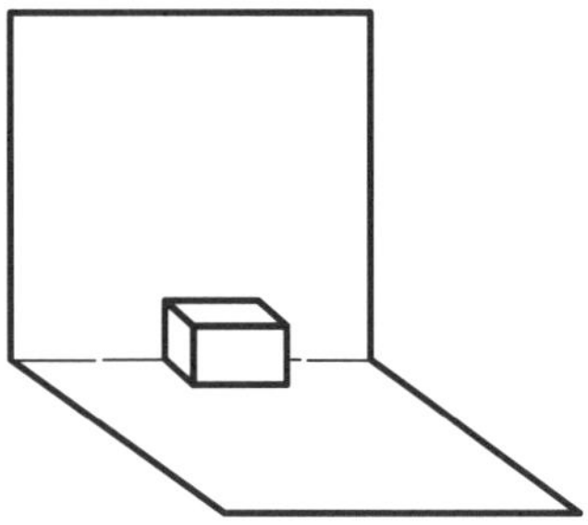

④内台紙に外台紙をはりあわせます。

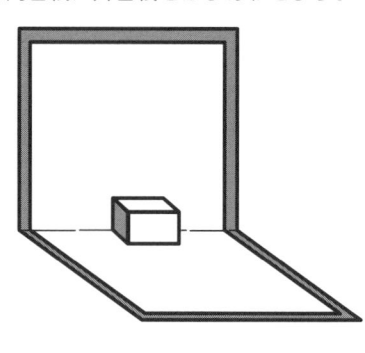

⑤とびだしたところに、うさぎをはります。

★できあがり★

きりこみにハートをはさんでメッセージをかきましょう

いつもありがとう

型紙

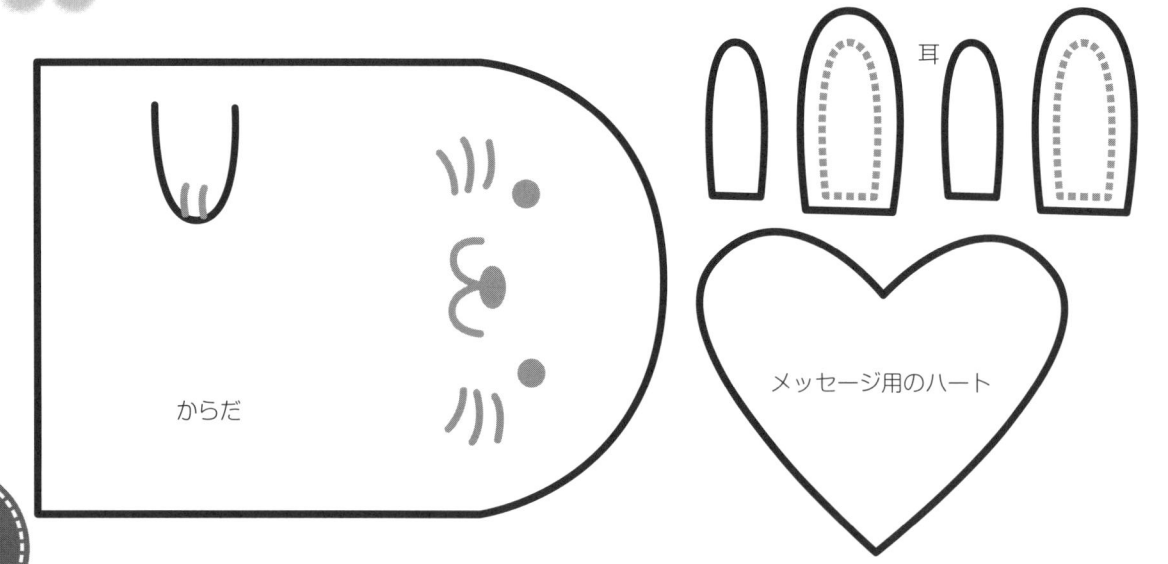

からだ

耳

メッセージ用のハート

50

冬につかえるカード

- クリスマスカード
- 学芸会、発表会
- バースデーカード　など

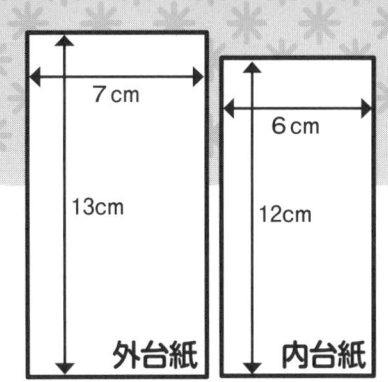

かわいい赤ちゃんペンギン

外台紙 7cm × 13cm
内台紙 6cm × 12cm

パーツをつくります

①赤ちゃんペンギンをつくります。

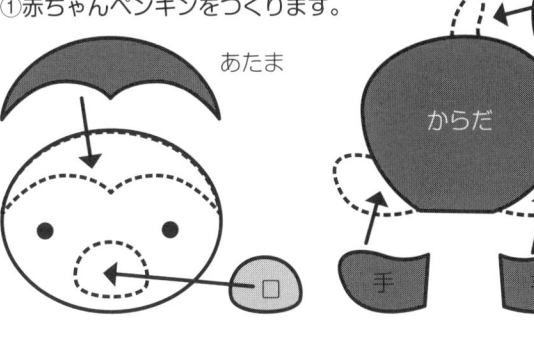

あたま / かお / からだ / 手

台紙をつくります

①内台紙を半分に折ってきりこみをいれます。
2cm　1cm　2cm

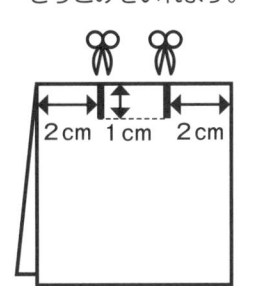

②きりこみを折ります。

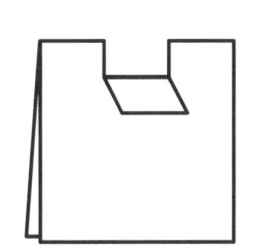

③ひらいてとびださせます。

④内台紙に外台紙をはりあわせます。
からだをはります

⑤ペンギンのあたまをはります。

型紙

かお / 手 / 手 / あたま / からだ

クリスマス会のお知らせ

★できあがり★

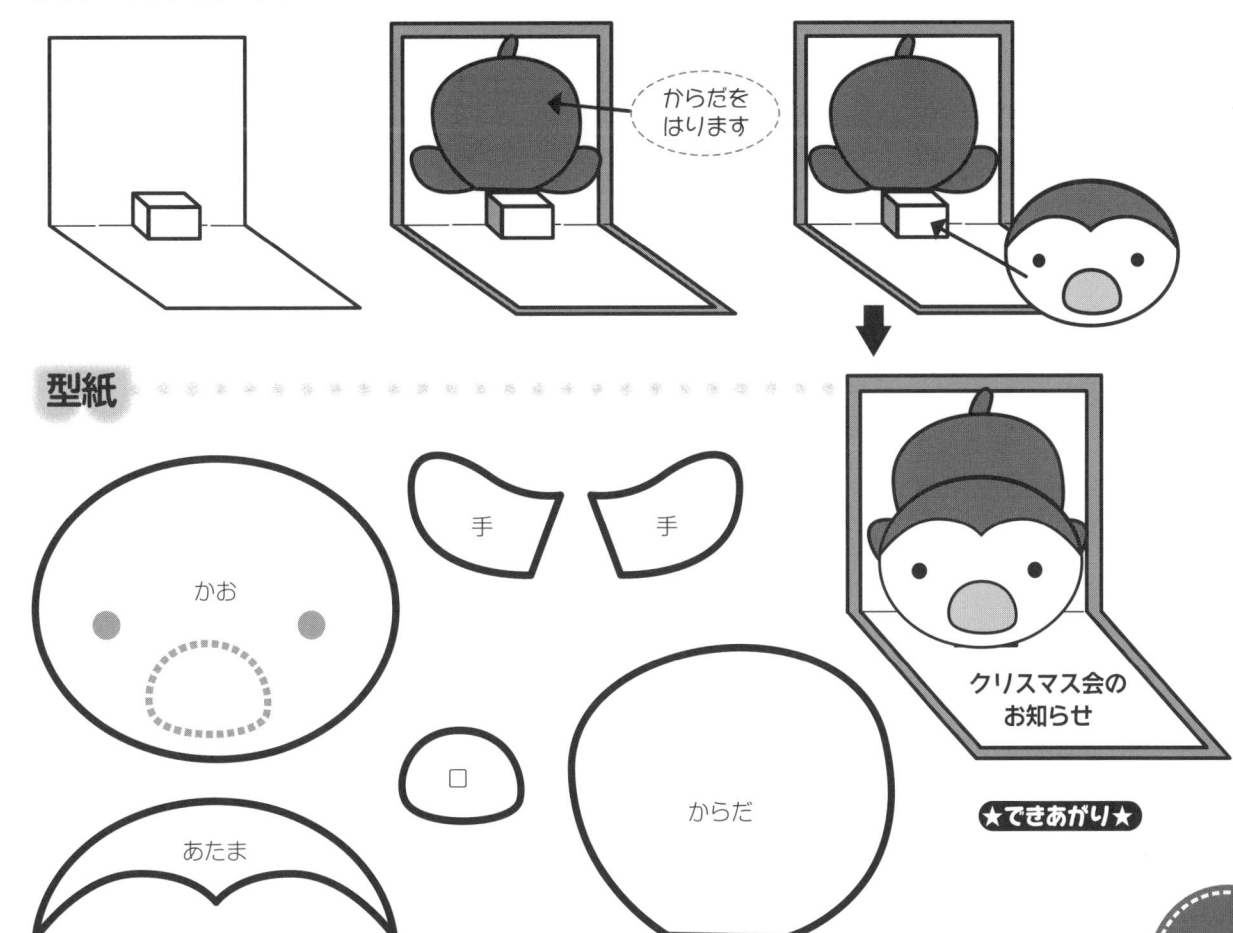

冬につかえるカード

●クリスマスカード
●学芸会、発表会
●バースデーカード　など

ばんざい しろくまさん

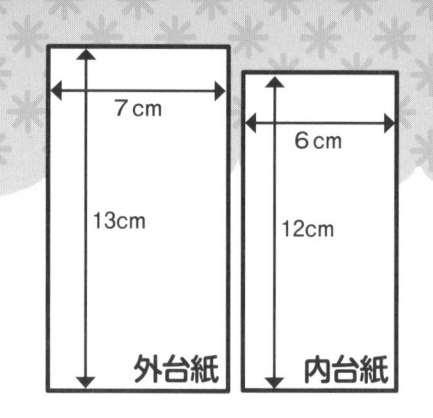

外台紙 7cm × 13cm
内台紙 6cm × 12cm

パーツをつくります

①しろくまさんをつくります。　5cm
②半分に折ってきりこみをいれます。　2cm 1cm 2cm
③きりこみを折ります。
④ひらいてとびださせます。
はなをはります

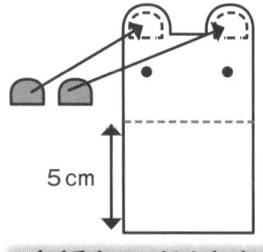

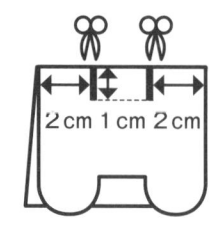

台紙をつくります

①内台紙を半分に折ってきりこみをいれます。　2cm 1cm 2cm
②きりこみを折ります。
③ひらいてとびださせます。
④内台紙に外台紙をはりあわせます。
④のしろくまさんをはります

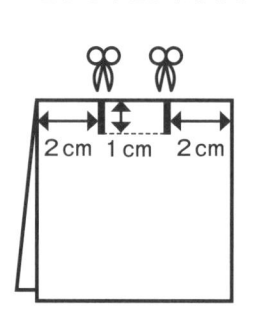

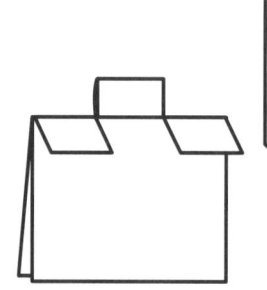

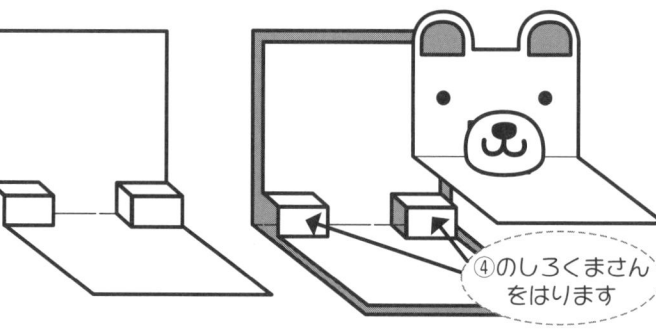

型紙

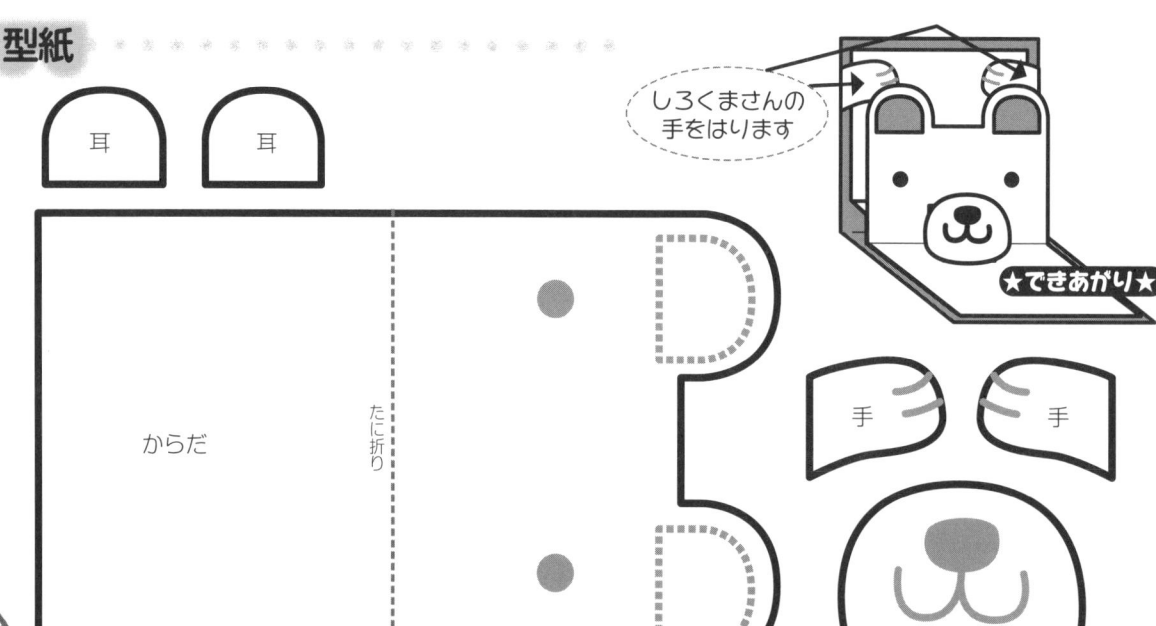

耳　耳
からだ　たに折り
手　手
はな

しろくまさんの手をはります

★できあがり★

冬につかえるカード

- 豆まき会
- 学芸会、発表会
- バースデーカード など

豆まきしよう赤おにさん

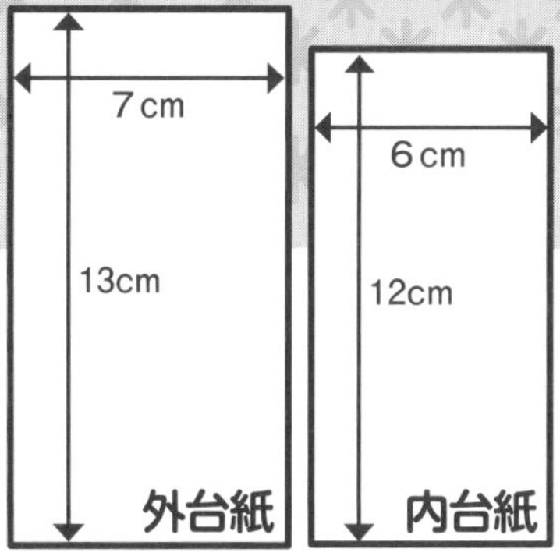

外台紙 7cm × 13cm
内台紙 6cm × 12cm

パーツをつくります

①赤おにさんをつくります。

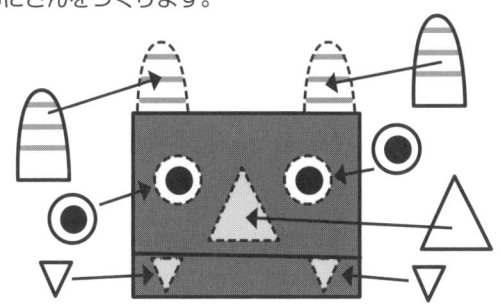

台紙をつくります

①内台紙を半分に折ってきりこみをいれます。

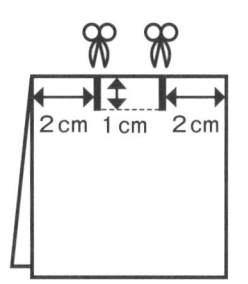

2cm 1cm 2cm

②きりこみを折ります。

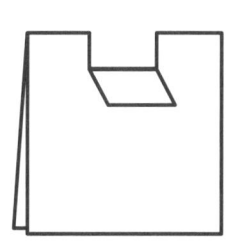

③ひらいてとびださせます。
④内台紙に外台紙をはりあわせます。
　かざりをはります
⑤赤おにさんのかおをはります。

型紙

つの
かざり
かお
目　目
はな
きば　きば

★できあがり★

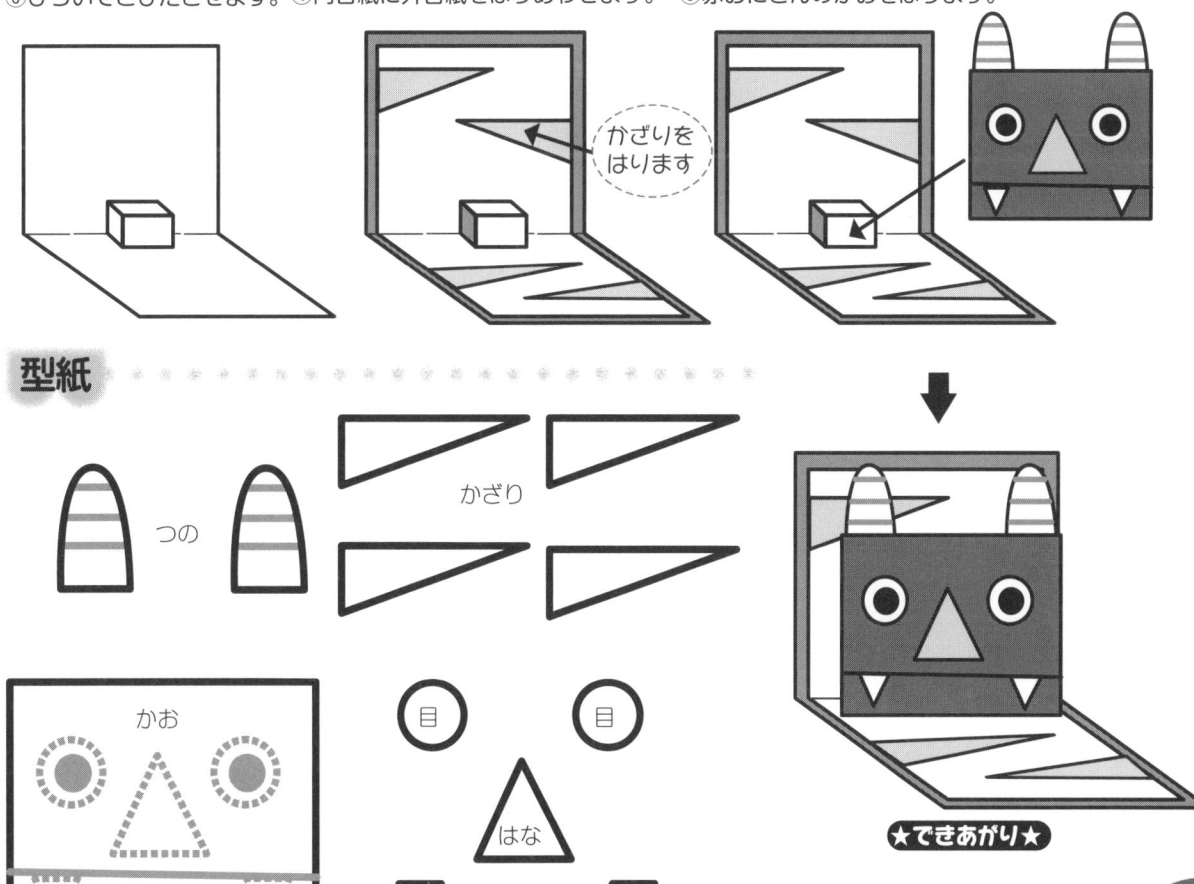

ベジタブル&フルーツカード

●学芸会、発表会
●バースデーカード　など

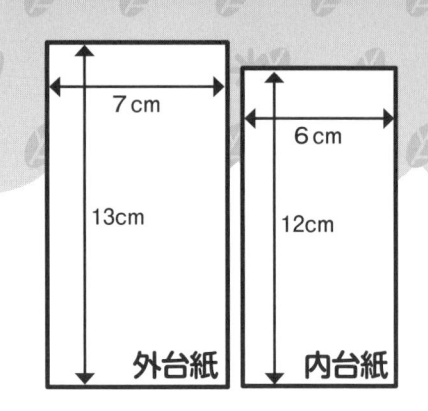

外台紙　7cm × 13cm
内台紙　6cm × 12cm

かわいい　かんたん！
りんごちゃん

パーツをつくります

①りんごちゃんをつくります。

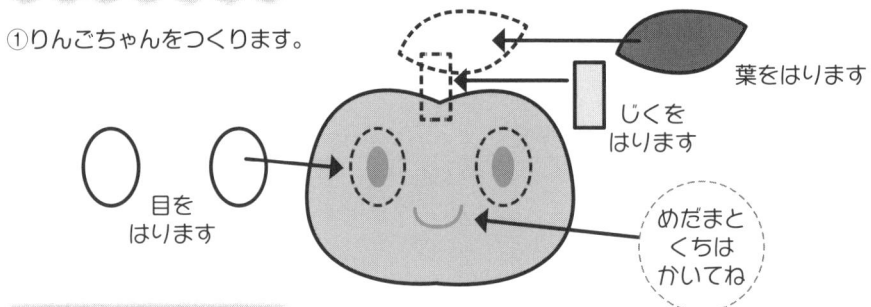

葉をはります
じくをはります
目をはります
めだまとくちはかいてね

台紙をつくります

①内台紙を半分に折ってきりこみをいれます。

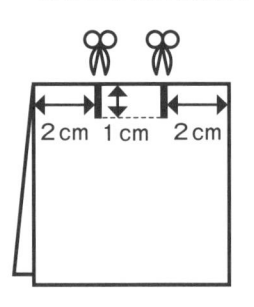

2cm　1cm　2cm

②きりこみを折ります。

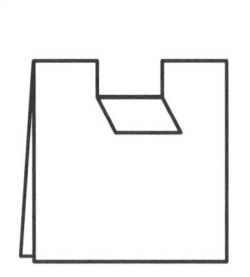

③ひらいてとびださせます。

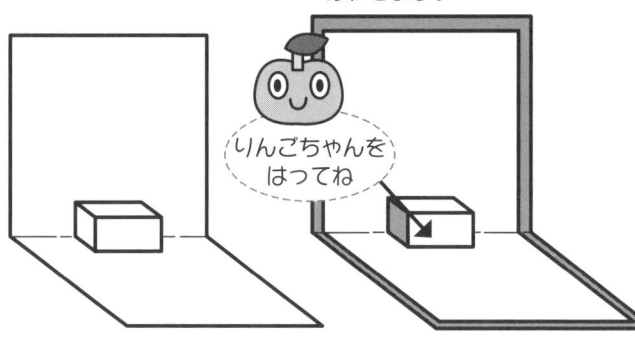

④内台紙に外台紙をはりあわせます。

りんごちゃんをはってね

型紙

じく
葉
りんご
目　目

★できあがり★

かんたんでしょ？

54

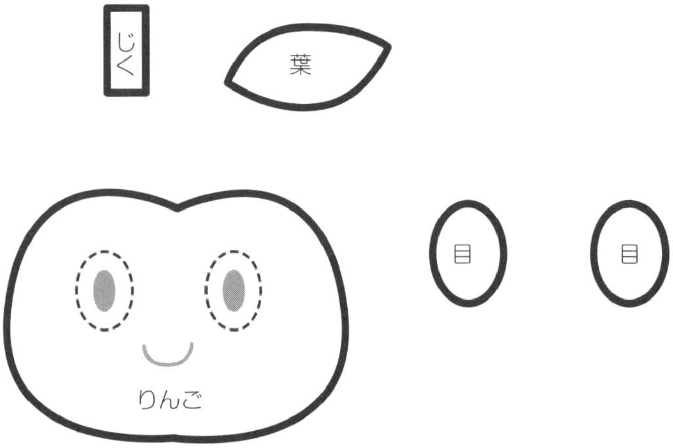

ベジタブル&フルーツカード

- 学芸会、発表会
- バースデーカード　など

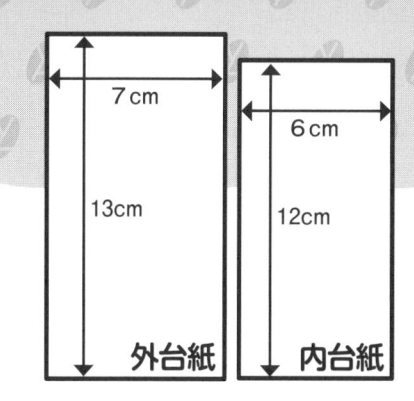

7cm / 13cm 外台紙
6cm / 12cm 内台紙

かわいい　かんたん！
ピンクのももちゃん

パーツをつくります

①ももちゃんをつくります。

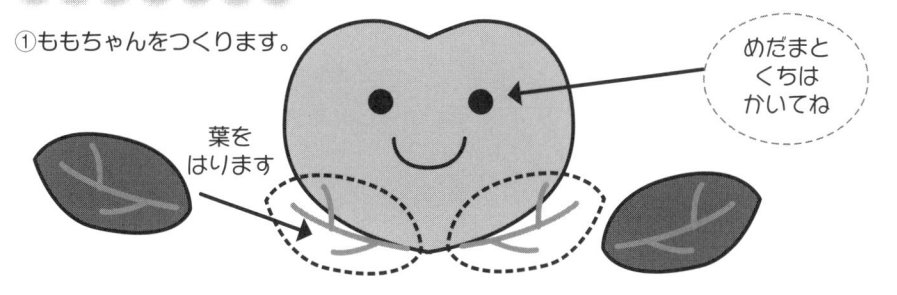

めだまと くちは かいてね

葉を はります

台紙をつくります

①内台紙を半分に折って きりこみをいれます。

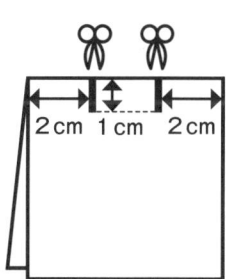

2cm　1cm　2cm

②きりこみを折ります。

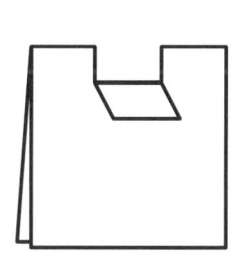

③ひらいてとびださせます。

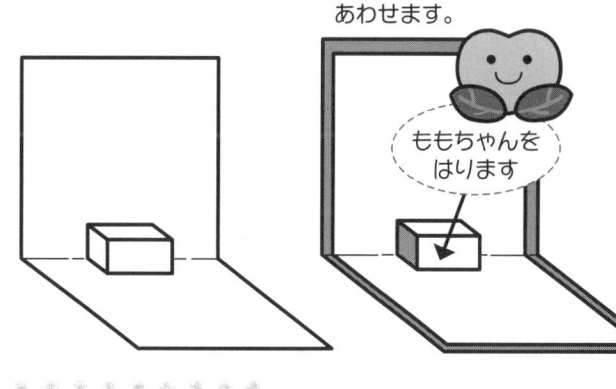

④内台紙に外台紙をはり あわせます。

ももちゃんを はります

型紙

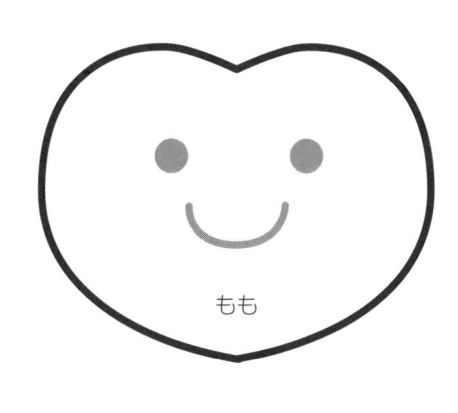

もも

葉

葉

もう できちゃった

★できあがり★

ベジタブル＆フルーツカード

- 学芸会、発表会
- バースデーカード　など

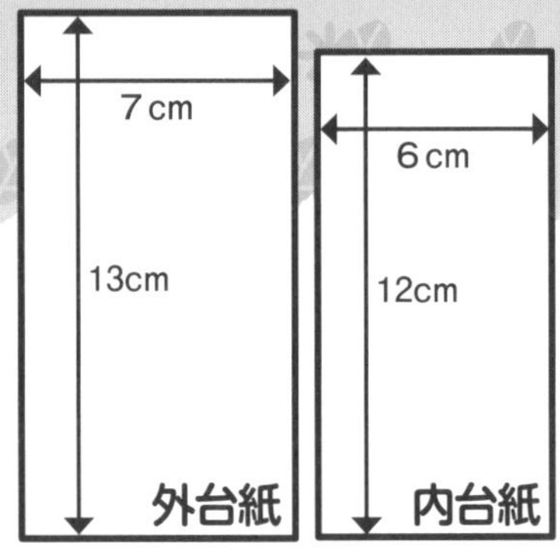

外台紙 7cm × 13cm
内台紙 6cm × 12cm

かわいい　かんたん！
ふたごのさくらんぼちゃん

パーツをつくります

① さくらんぼちゃんをふたつつくります。

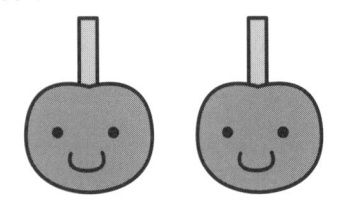

② さくらんぼちゃんをななめにして、葉をはります。

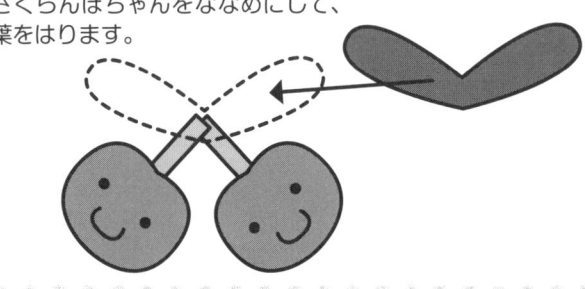

台紙をつくります

① 内台紙を半分に折ってきりこみをいれます。
2cm　1cm　2cm

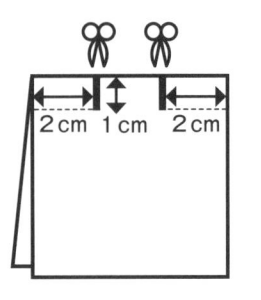

② きりこみを折ります。

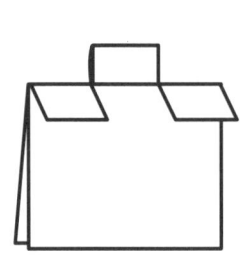

③ ひらいてとびださせます。

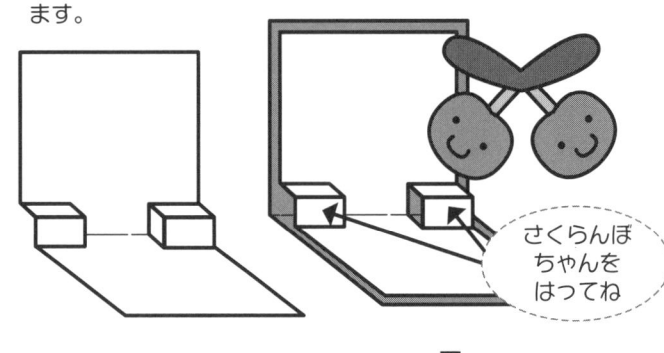

④ 内台紙に外台紙をはりあわせます。

さくらんぼちゃんをはってね

なかよしだもんね

★できあがり★

型紙

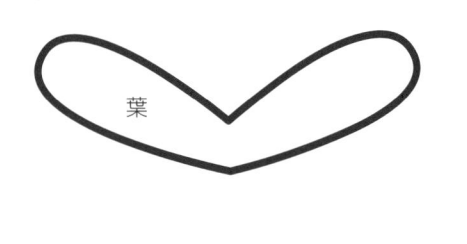

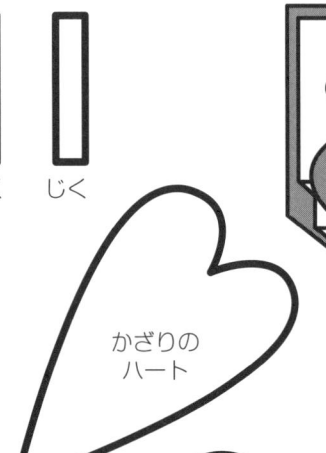

葉

じく　じく

さくらんぼ　　さくらんぼ

かざりのハート

かざりのハート

ベジタブル&フルーツカード

● 学芸会、発表会
● バースデーカード　など

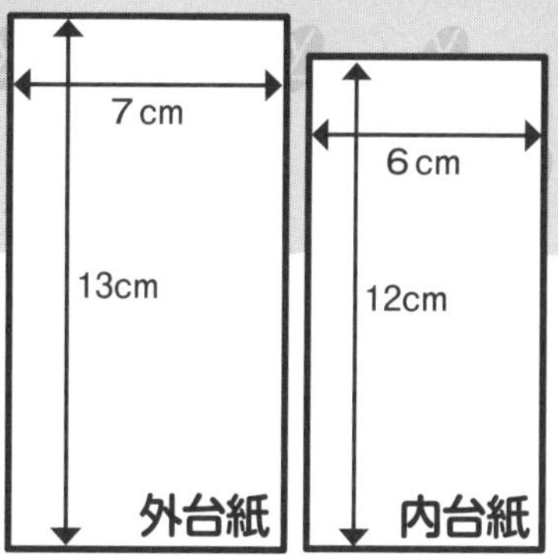

かわいい　かんたん！
にんじんちゃん

外台紙　7cm × 13cm
内台紙　6cm × 12cm

パーツをつくります

①にんじんちゃんをつくります。

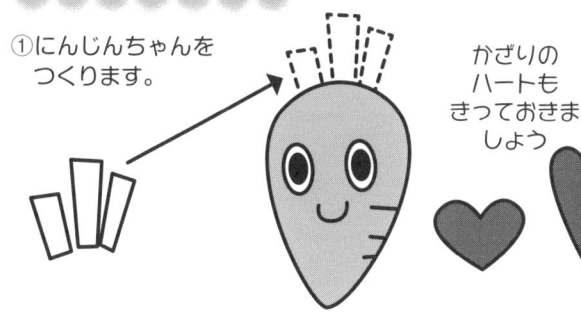

かざりのハートもきっておきましょう

台紙をつくります

①内台紙を半分に折って折線にそって折ります。

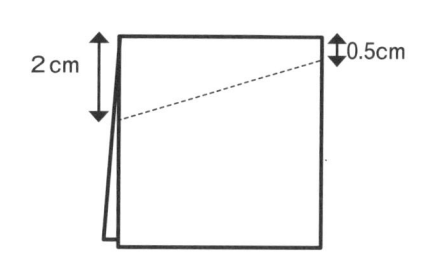

2cm　0.5cm

②ひらいてとびださせます。

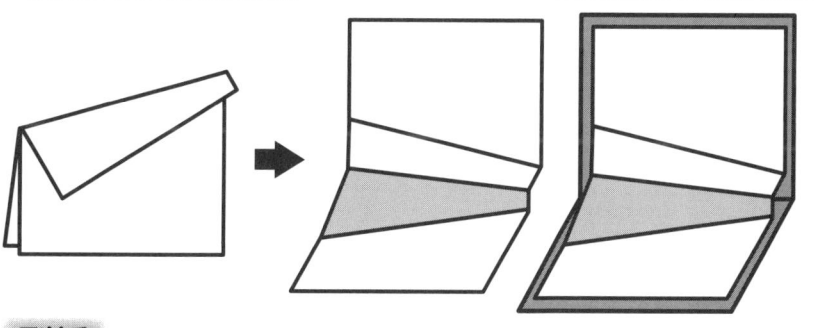

③外台紙をはりあわせます。

④にんじんを、とびだした部分にはります。

型紙

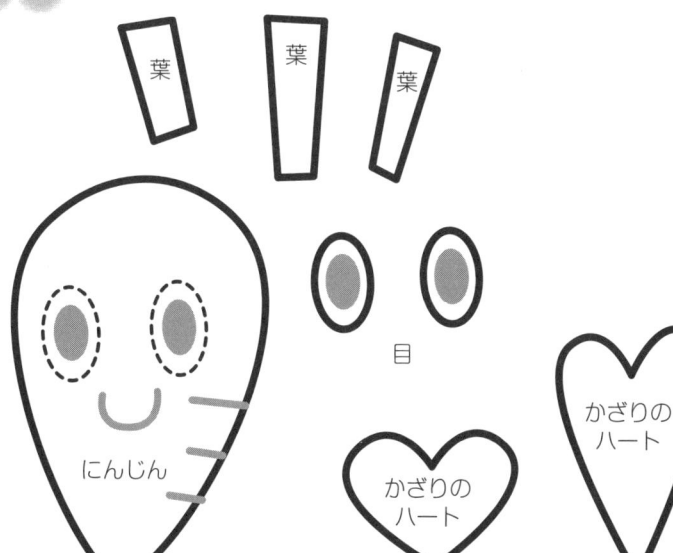

葉　葉　葉

にんじん

目

かざりのハート

かざりのハート

⑤かざりのハートをはります。

とじたときにはみださないようにはってね

57

ベジタブル＆フルーツカード

- 学芸会、発表会
- バースデーカード など

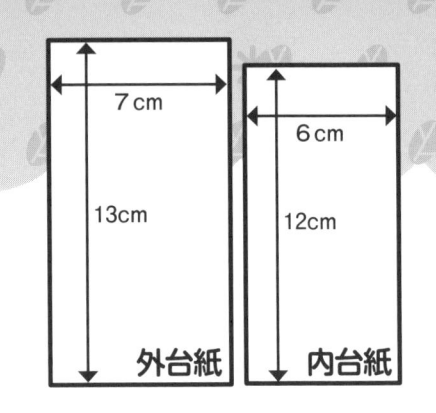

外台紙 7cm × 13cm
内台紙 6cm × 12cm

かわいい かんたん！
いちごちゃん

パーツをつくります

① いちごちゃんをつくります。

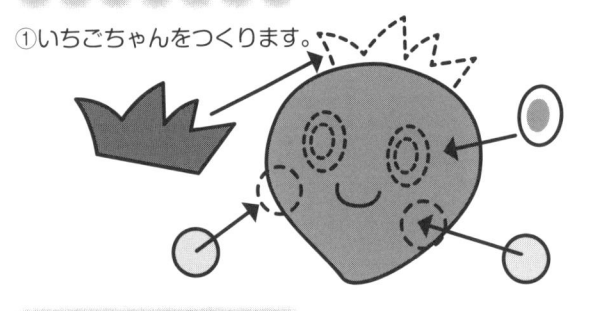

② ハートもきっておきましょう。

台紙をつくります

① 内台紙を半分に折ってきりこみをいれます。
2cm 1cm 2cm

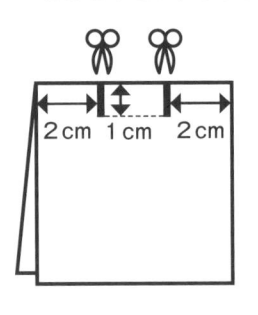

② きりこみを折ります。

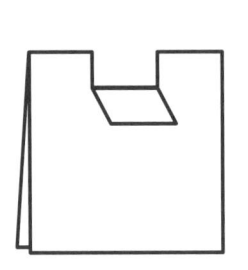

③ ひらいてとびださせます。

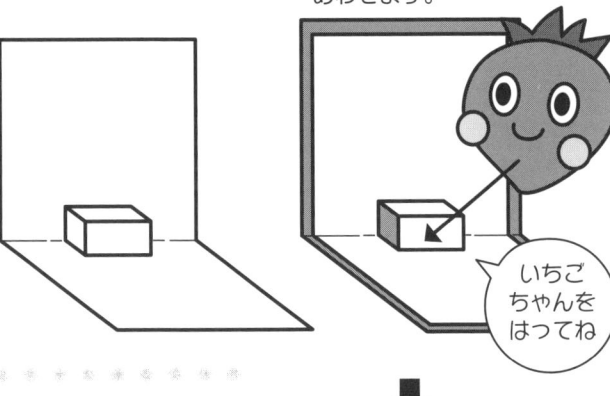

④ 内台紙に外台紙をはりあわせます。

いちごちゃんをはってね

型紙

かお

へた

かざりのハート

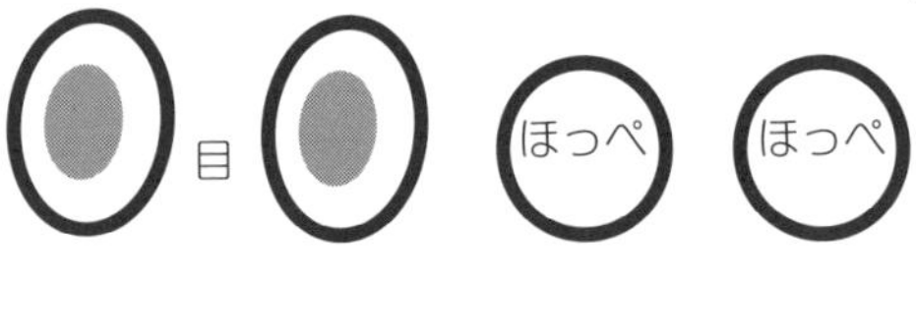

目　ほっぺ　ほっぺ

★できあがり★

ベジタブル&フルーツカード

● 学芸会、発表会
● バースデーカード　など

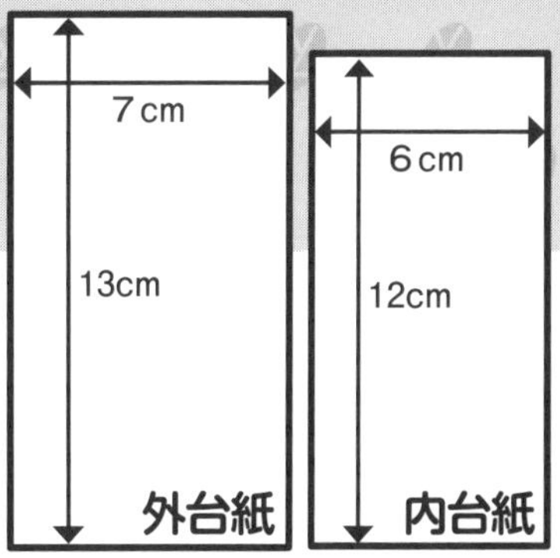

外台紙 7cm × 13cm
内台紙 6cm × 12cm

かわいい　かんたん！
ぶどうちゃん

パーツをつくります

①まずぶどうちゃんを3つ、はりあわせます。

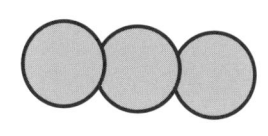

②つぎに、2つはりあわせます。

③さいごに1つ、はります。

じくもはります

かおをかわいくかいてね

台紙をつくります

①内台紙を半分に折ってきりこみをいれます。

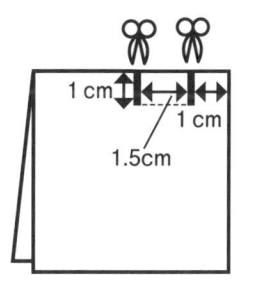

1cm / 1cm / 1.5cm

②きりこみを折ります。

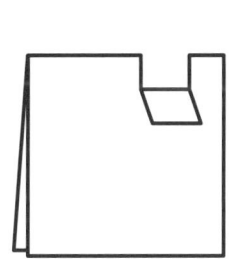

③ひらいてとびださせます。

④内台紙に外台紙をはりあわせます。

葉っぱをはってね
ぶどうちゃんをはってね

型紙

じく　じく
ぶどう　ぶどう　ぶどう
ぶどう　ぶどう
ぶどう
葉っぱ
葉っぱ

★できあがり★

ベジタブル&フルーツカード

●学芸会、発表会
●バースデーカード　など

外台紙　7cm × 13cm
内台紙　6cm × 12cm

かわいい　かんたん！
くり兄弟

パーツをつくります

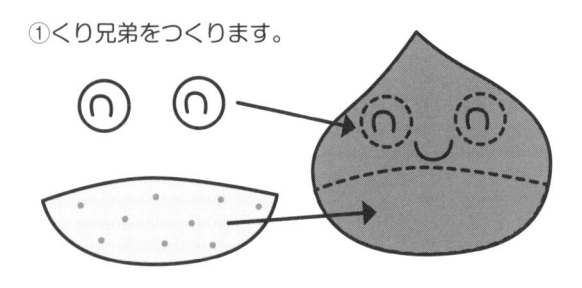

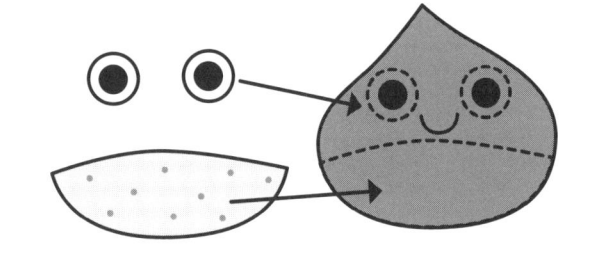

①くり兄弟をつくります。

台紙をつくります

①内台紙を半分に折ってきりこみをいれます。

2cm / 1cm / 2cm
2cm

②きりこみを折ります。

③ひらいてとびださせます。

こっちの方が大きい

④内台紙に外台紙をはりあわせます。

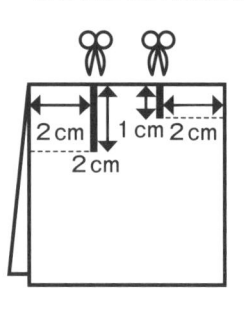

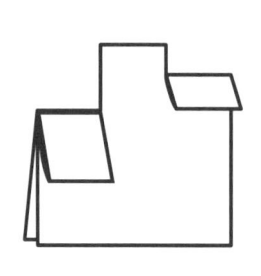

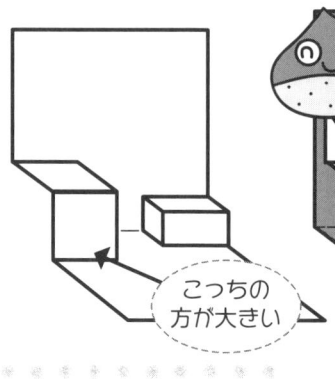

くり兄弟をはってね

型紙

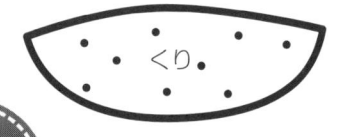

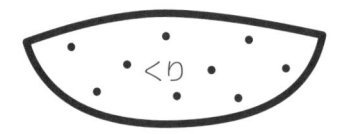

目　　　　目

くり　　　　くり

くり　　　　くり

★できあがり★

くり

ベジタブル&フルーツカード

●学芸会、発表会
●バースデーカード　など

かわいい　かんたん！
たまねぎちゃん

7cm / 13cm　外台紙
6cm / 12cm　内台紙

パーツをつくります

①たまねぎちゃんにかわをはります。

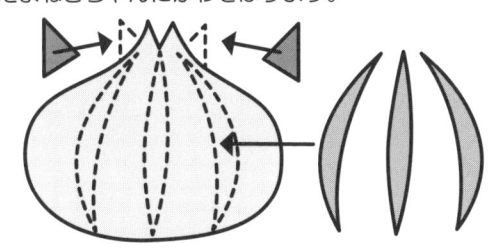

②たまねぎちゃんに目と口をはります。

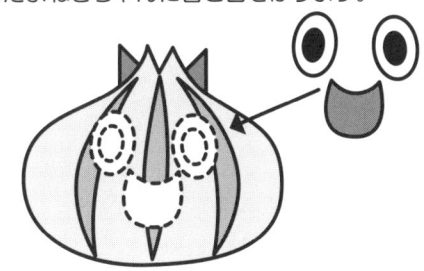

台紙をつくります

①内台紙を半分に折ってきりこみをいれます。

2cm　1cm　2cm

②きりこみを折ります。

③ひらいてとびださせます。

④内台紙に外台紙をはりあわせます。

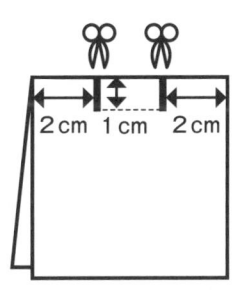

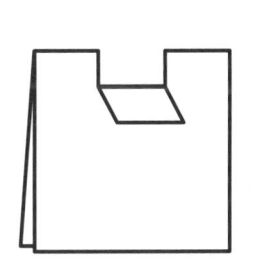

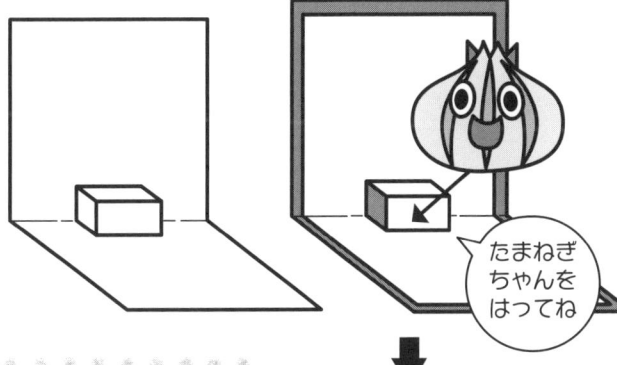

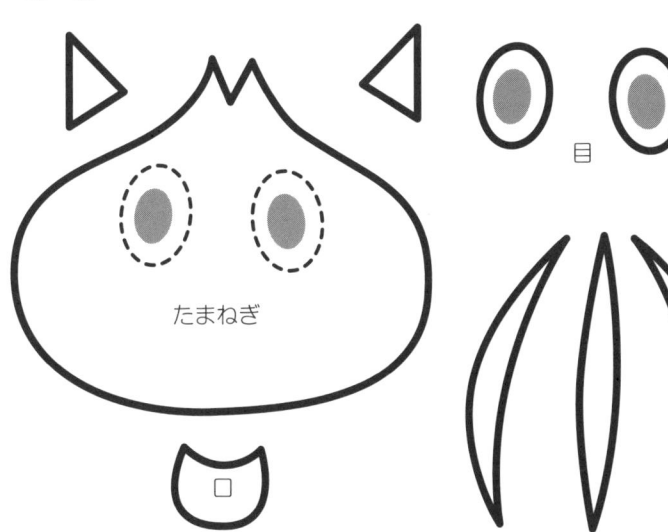

たまねぎちゃんをはってね

たくさんたべてね～！

★できあがり★

型紙

たまねぎ

目

口

たまねぎのかわ

61

ベジタブル&フルーツカード

かわいい かんたん！
バナナくん

- ●学芸会、発表会
- ●バースデーカード など

外台紙 7cm × 13cm
内台紙 6cm × 12cm

パーツをつくります

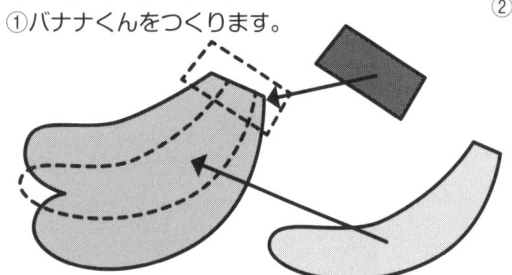

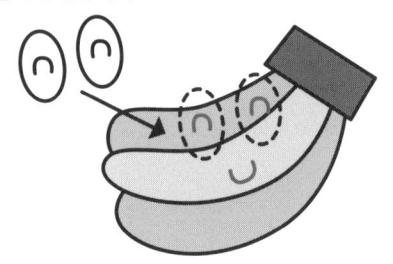

①バナナくんをつくります。

②目をはります。

③葉っぱもつくっておきましょう。

台紙をつくります

①内台紙を半分に折ってきりこみをいれます。

2cm 1cm 2cm

②きりこみを折ります。

③ひらいてとびださせます。

④内台紙に外台紙をはりあわせます。

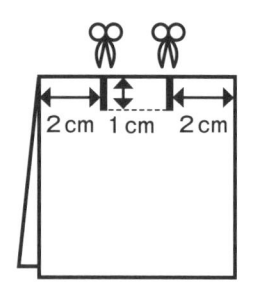

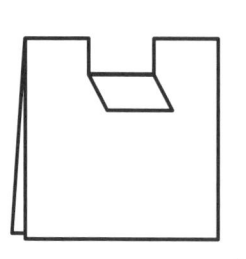

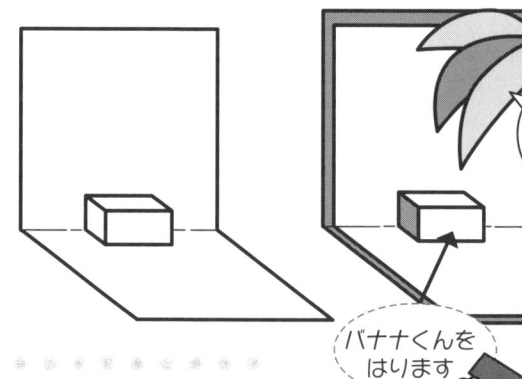

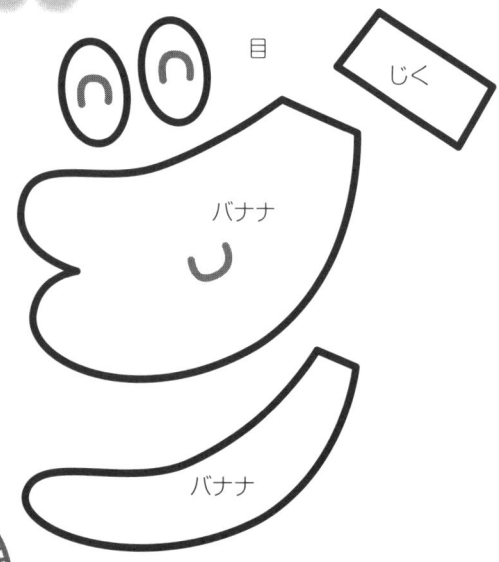

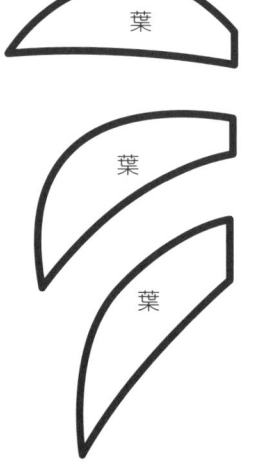

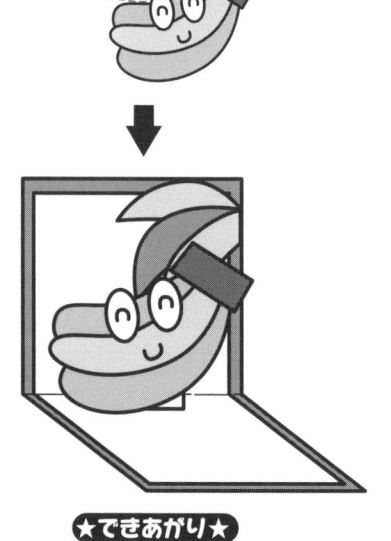

葉っぱをはってね

バナナくんをはります

型紙

目　じく　葉　葉　葉　バナナ　バナナ

★できあがり★

62

ベジタブル&フルーツカード

- 学芸会、発表会
- バースデーカード など

外台紙 7cm × 13cm
内台紙 6cm × 12cm

かわいい かんたん！ みかんちゃん

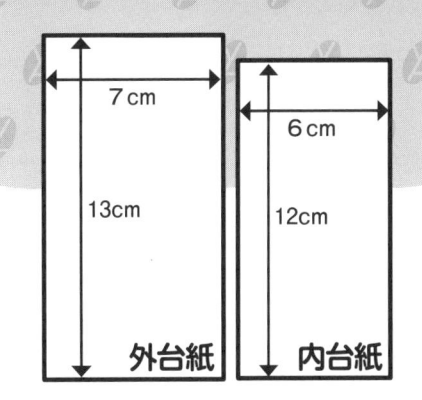

パーツをつくります

①みかんちゃんをつくります。

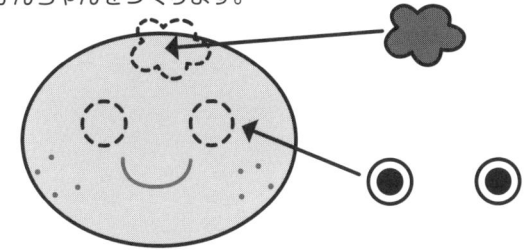

②クルリンもつくります。

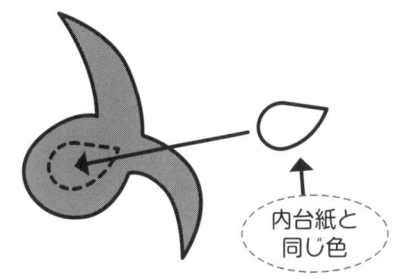

内台紙と同じ色

台紙をつくります

①内台紙を半分に折ってきりこみをいれます。

2cm　1cm　2cm

②きりこみを折ります。

③ひらいてとびださせます。

④内台紙に外台紙をはりあわせます。

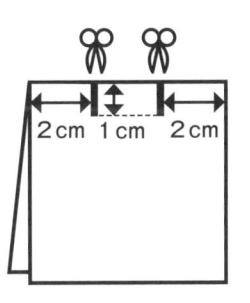

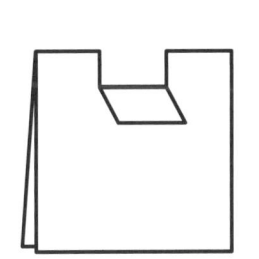

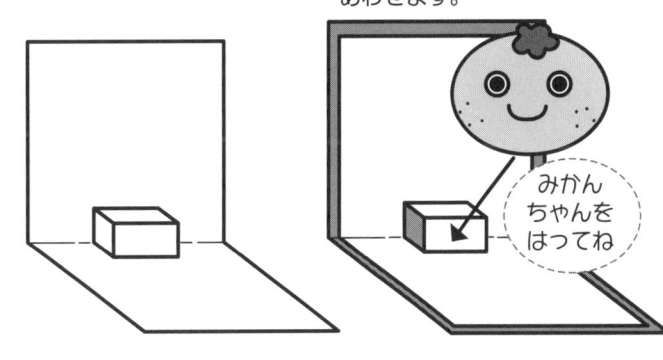

みかんちゃんをはってね

型紙

みかん

へた

クルリン

目

★できあがり★

アラカルト カード

ふわふわ ひつじちゃん

- 学芸会、発表会
- バースデーカード など

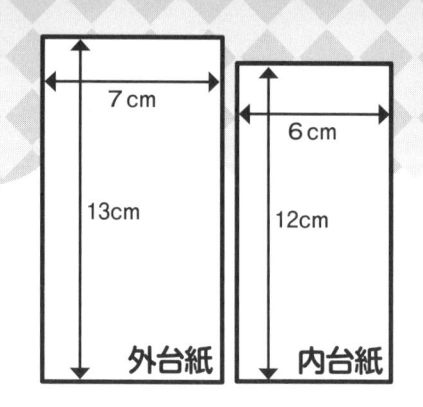

外台紙 7cm × 13cm
内台紙 6cm × 12cm

パーツをつくります

① ひつじちゃんをつくります。

からだにかおをはります

足をはります

足の先を黒くぬってください。

台紙をつくります

① 内台紙を半分に折ってきりこみをいれます。

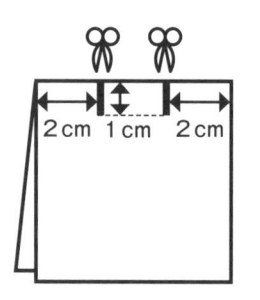

2cm 1cm 2cm

② きりこみを折ります。

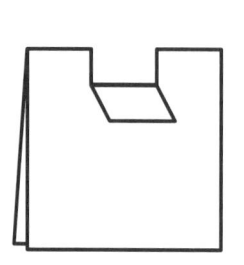

③ ひらいてとびださせます。

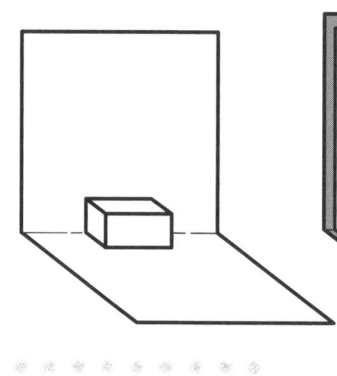

④ 内台紙に外台紙をはりあわせます。

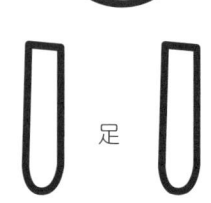

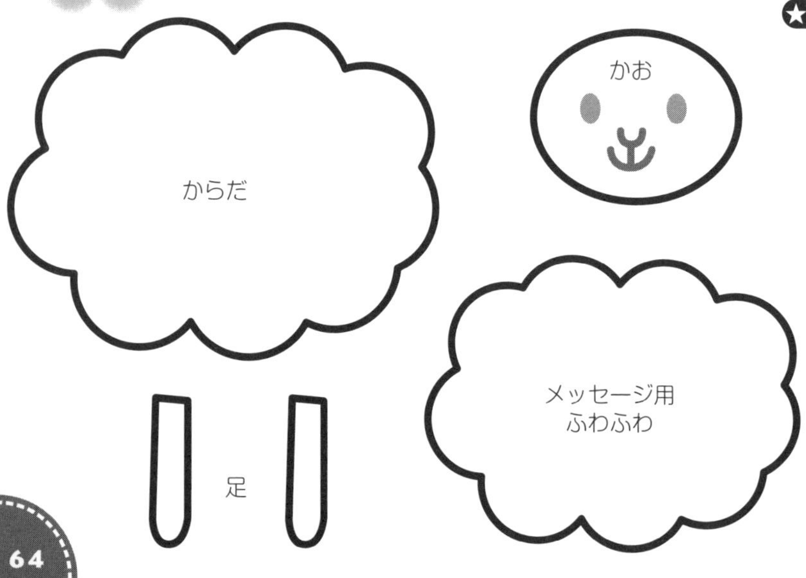

ひつじちゃんをはります

★できあがり★

型紙

からだ

かお

メッセージ用 ふわふわ

足

耳

アラカルトカード
とびだせ！ハートちゃん

- 学芸会、発表会
- バレンタイン
- バースデーカード　など

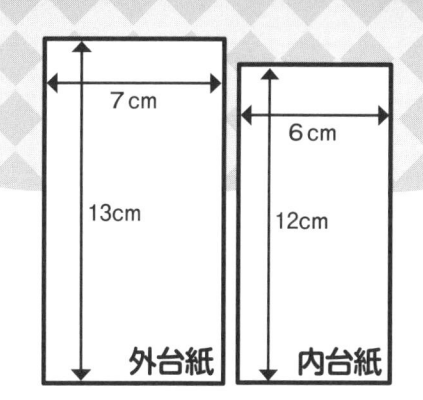

7cm / 13cm　外台紙
6cm / 12cm　内台紙

パーツをつくります

①ハートちゃんに目と手をはります。

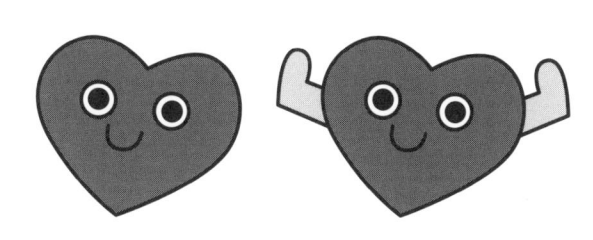

台紙をつくります

①内台紙を半分に折って折線にそって折ります。

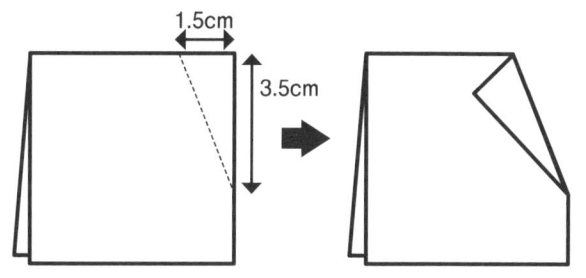

1.5cm / 3.5cm

②ひらいてとびださせます。

③外台紙をはりあわせます。

④ハートちゃんを、とびだした部分にはります。

カードをとじたときにはみださないように注意！

おたんじょうびおめでとう！
いつもありがとう

★できあがり★

型紙

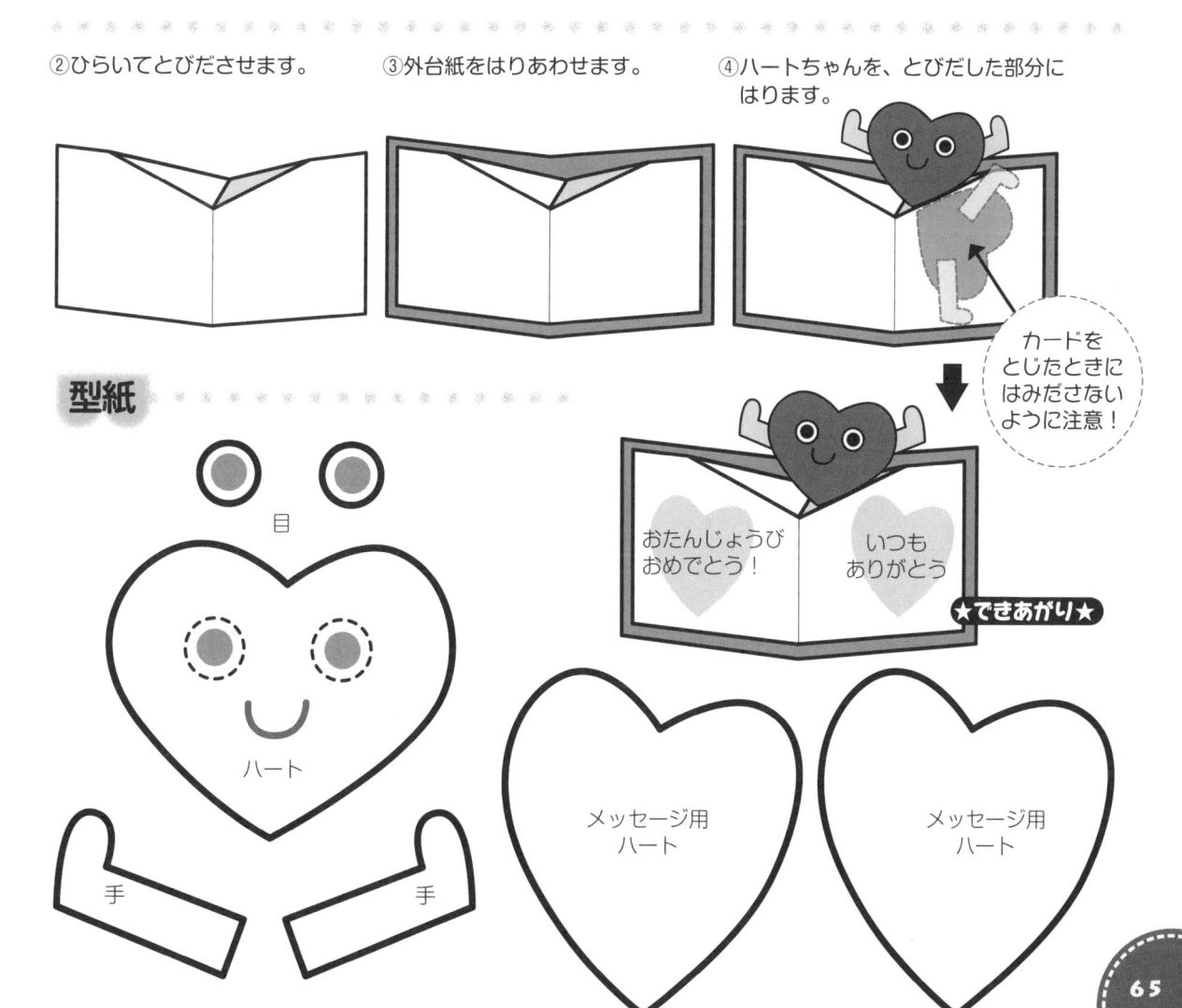

目
ハート
手　手
メッセージ用ハート
メッセージ用ハート

アラカルトカード
おしゃべりオウムちゃん

- 学芸会、発表会
- バースデーカード など

外台紙 7cm × 13cm
内台紙 6cm × 12cm

パーツをつくります

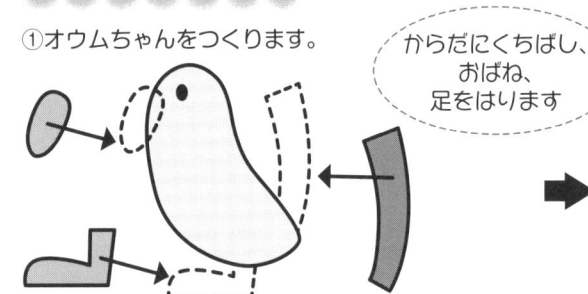

①オウムちゃんをつくります。

からだにくちばし、おばね、足をはります

はねをはります

台紙をつくります

①内台紙を半分に折ってきりこみをいれます。

2cm　1cm　2cm

②きりこみを折ります。

③ひらいてとびださせます。

④内台紙に外台紙をはりあわせます。

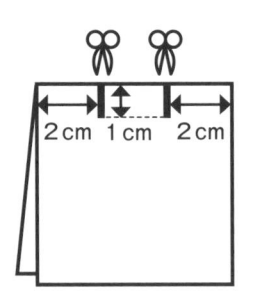

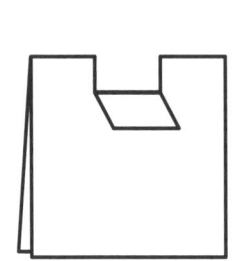

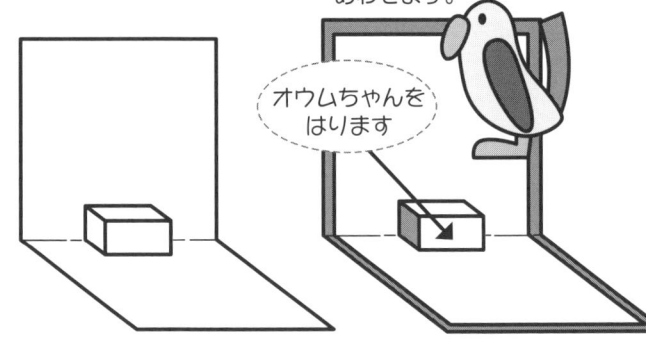

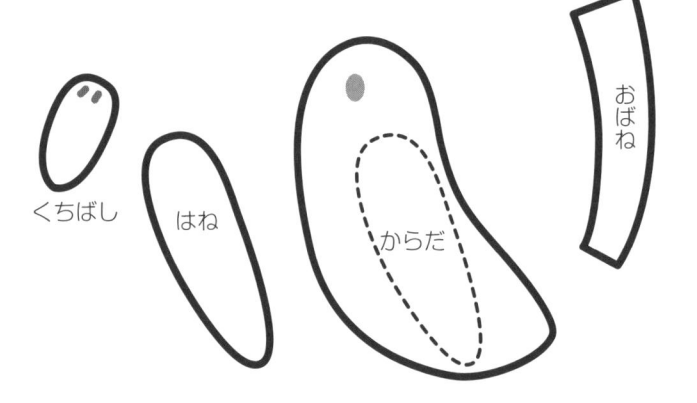

オウムちゃんをはります

型紙

くちばし　はね　からだ　おばね　足

★できあがり★

アラカルトカード

- 学芸会、発表会
- バースデーカード　など

ハッピーバースデーケーキ

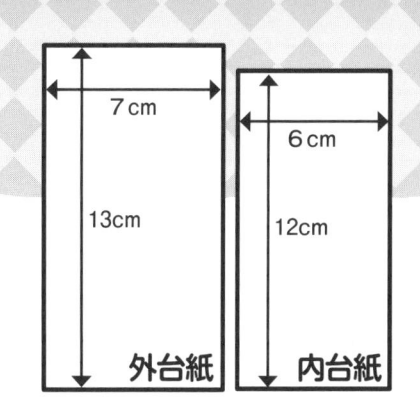

7cm　13cm　外台紙
6cm　12cm　内台紙

パーツをつくります

①ケーキをつくります。

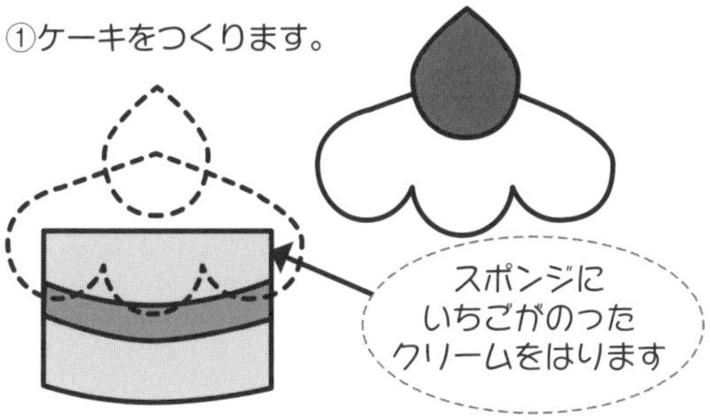

スポンジにいちごがのったクリームをはります

台紙をつくります

①丸い台紙（お皿）を半分に折ります。

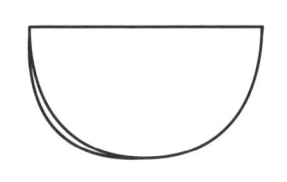

②きりこみをいれます。

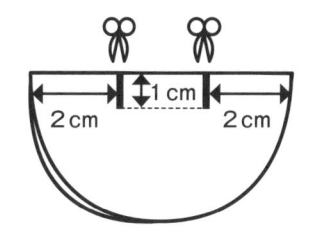

2cm　1cm　2cm

②きりこみを折ります。

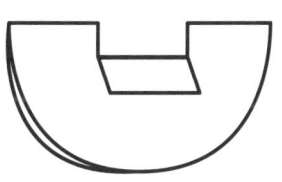

③ひらいてとびださせます。

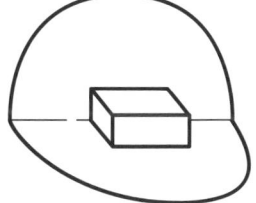

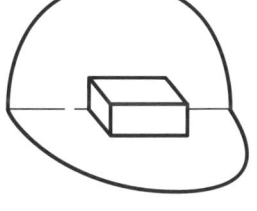

④外台紙をはりあわせます。

ケーキをはります

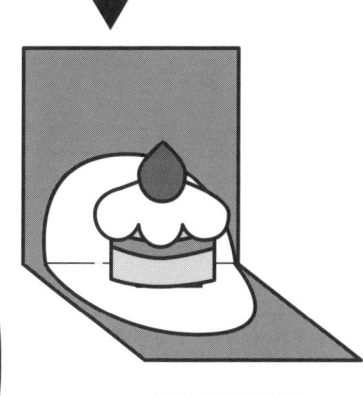

型紙

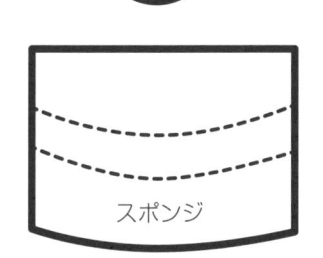

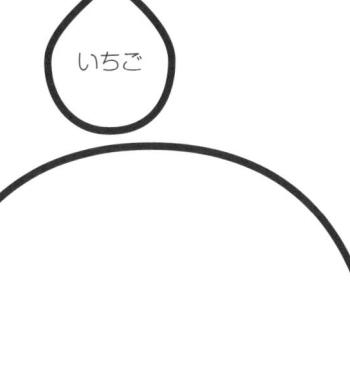

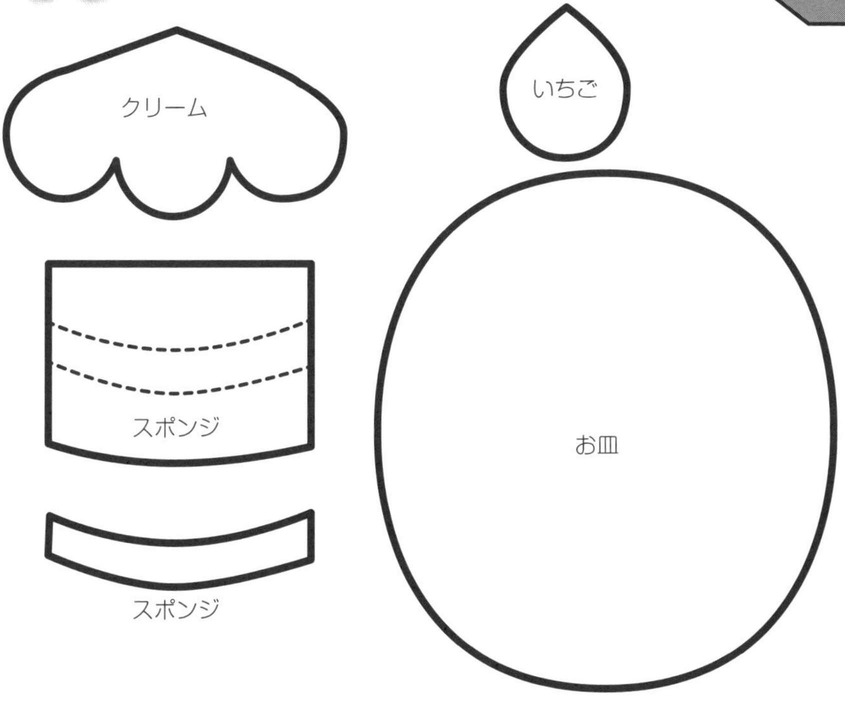

クリーム

スポンジ

スポンジ

いちご

お皿

★できあがり★

アラカルトカード
おみやげドーナッツ

- 学芸会、発表会
- バースデーカード など

7cm / 13cm 外台紙
6cm / 12cm 内台紙

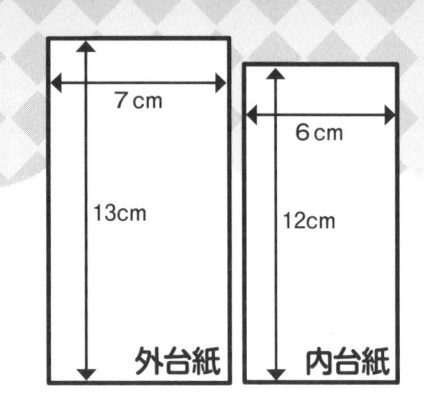

パーツをつくります

①ドーナッツをつくります。
内台紙と同じ色

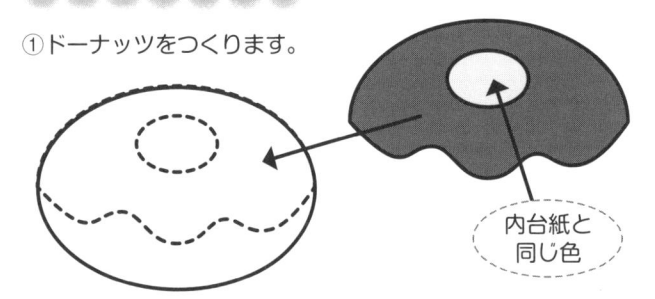

②かざりのDもつくります。
内台紙と同じ色

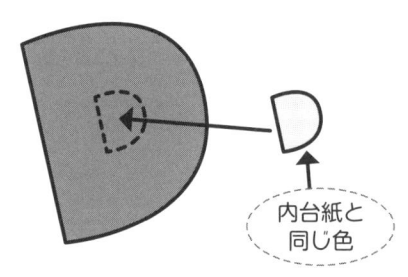

台紙をつくります

①内台紙を半分に折ってきりこみをいれます。
2cm 1cm 2cm

②きりこみを折ります。

③ひらいてとびださせます。

④内台紙に外台紙をはりあわせます。
ドーナッツをはります

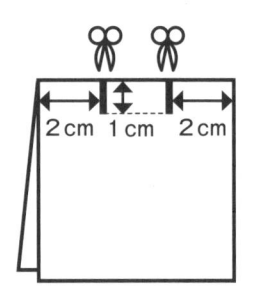

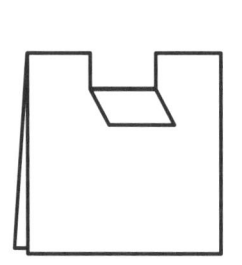

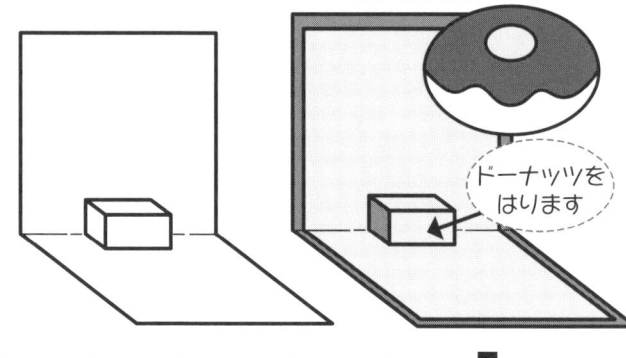

型紙

ドーナッツ
かざり
ドーナッツの穴
チョコレート
かざり

アクセントにかざりをはろう！

★できあがり★

アラカルトカード
つめた〜いアイスクリーム

- 学芸会、発表会
- バースデーカード　など

外台紙 7cm × 13cm
内台紙 6cm × 12cm

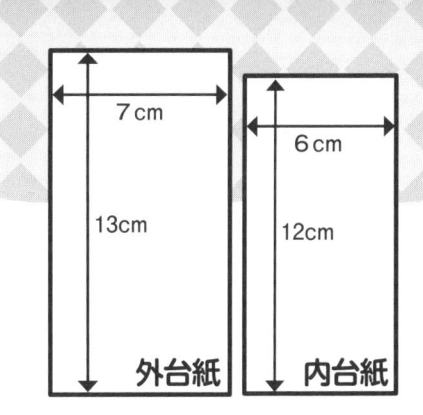

パーツをつくります

①アイスクリームをつくります。

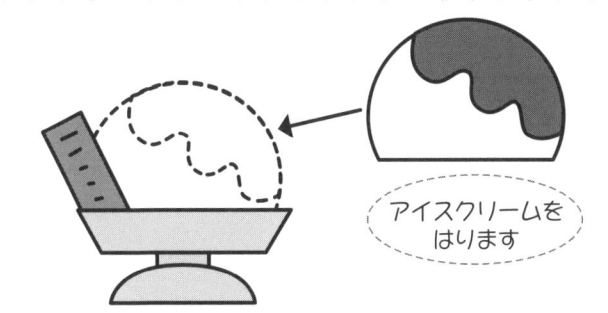

ウエハースをお皿にはります

アイスクリームをはります

台紙をつくります

①内台紙を半分に折ってきりこみをいれます。

2cm　1cm　2cm

②きりこみを折ります。

③ひらいてとびださせます。

④内台紙に外台紙をはりあわせます。

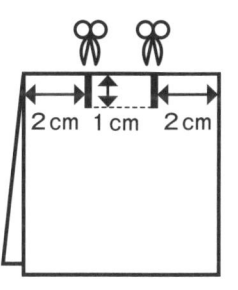

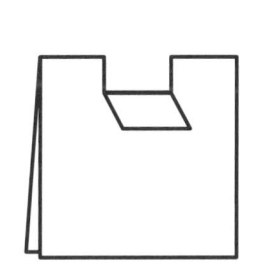

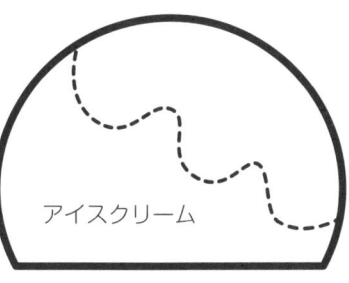

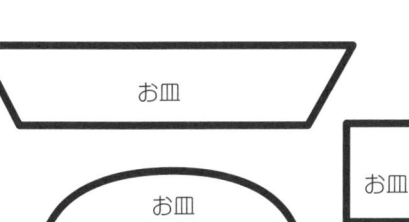

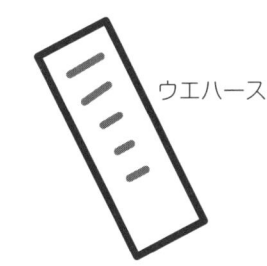

アイスクリームをはります

★できあがり★

型紙

アイスクリーム

チョコレート

お皿

お皿

ウエハース

お皿

アラカルトカード
いつもありがとう フラワーブーケ

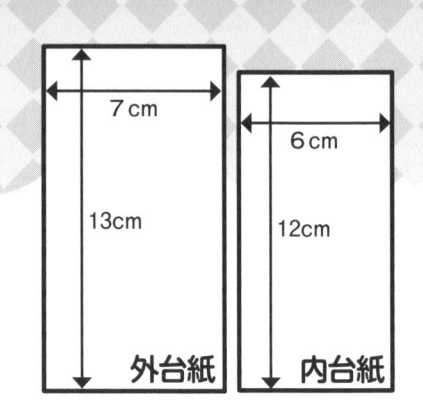

- ●学芸会、発表会
- ●バースデーカード　など

外台紙　7cm × 13cm
内台紙　6cm × 12cm

パーツをつくります

①お花をつくります。 
②お花に葉をはります。 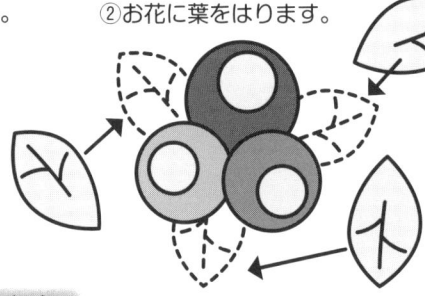
③持ち手をつくります。 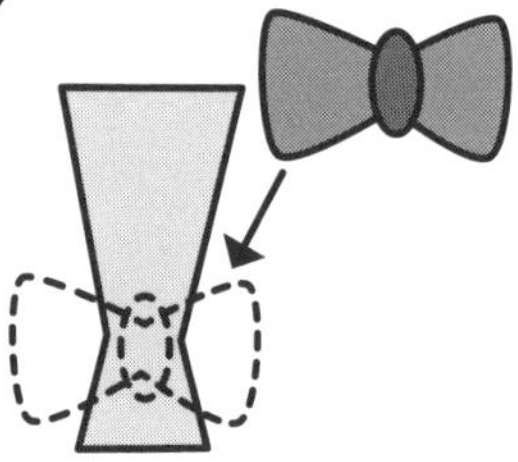
④持ち手にお花をはります。

台紙をつくります

①内台紙を半分に折って折線にそって折ります。（1.5cm）
②ひらいてとびださせます。 
③外台紙をはりあわせます。 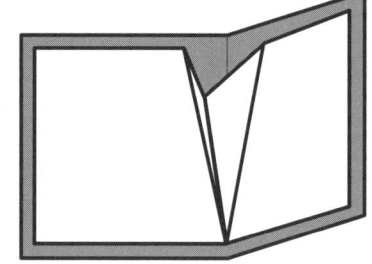
④ブーケを、とびだした部分にはります。

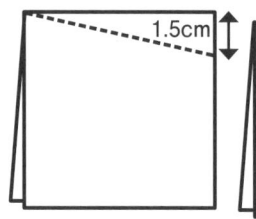

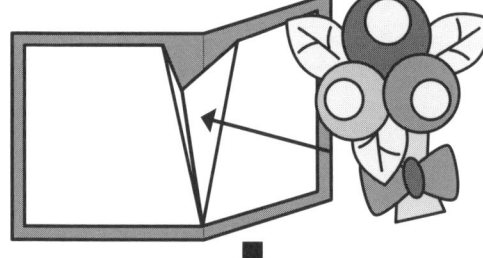

型紙

お花／お花／葉／ブーケの持ち手／りぼん

★できあがり★

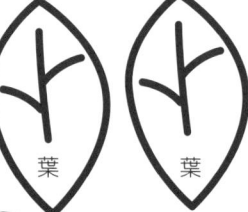

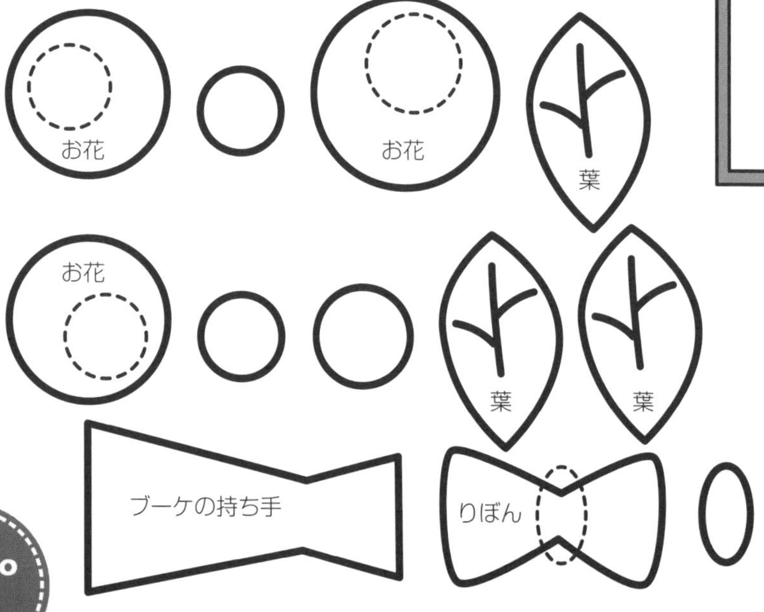

アラカルトカード

ぷくぷくめだかちゃん

- 学芸会、発表会
- バースデーカード など

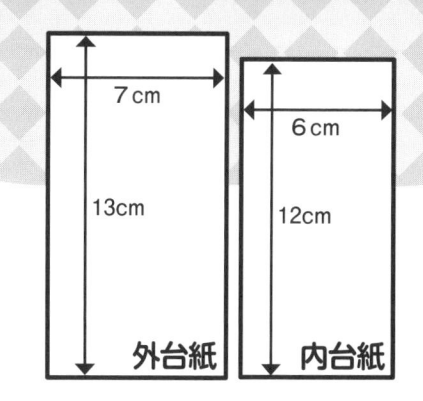

外台紙 7cm × 13cm
内台紙 6cm × 12cm

パーツをつくります

①めだかちゃんのからだをつくります。

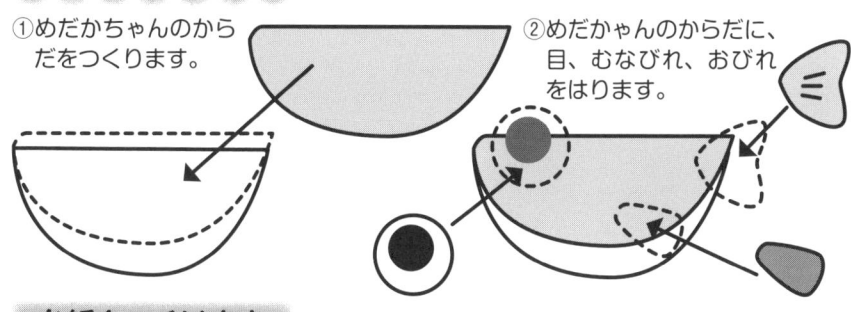

②めだかちゃんのからだに、目、むなびれ、おびれをはります。

③めだかちゃんのうろこをかきます。

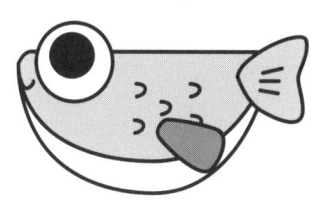

台紙をつくります

①内台紙を半分に折ってきりこみをいれます。
2cm 1cm 2cm

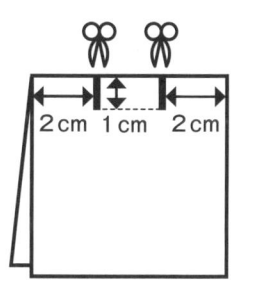

②きりこみを折ります。

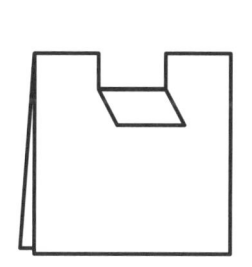

③ひらいてとびださせます。

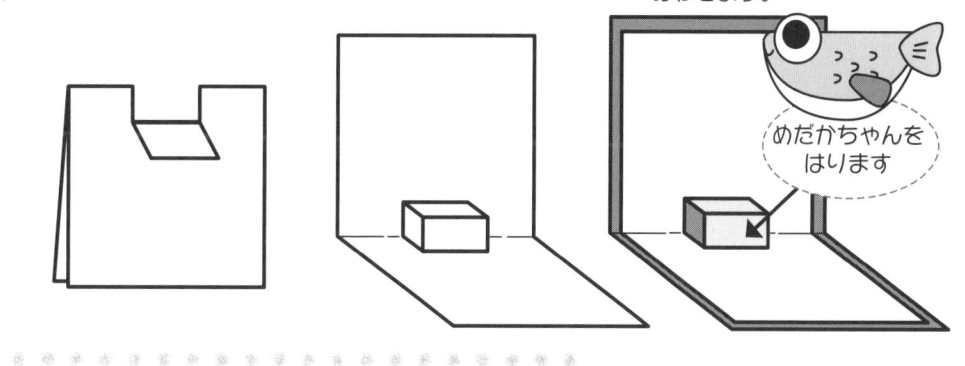

④内台紙に外台紙をはりあわせます。
めだかちゃんをはります

⑤内台紙に水草とあわをはります。

型紙

目
からだ
からだ
水草
むなびれ
おびれ
あわ

★できあがり★

71

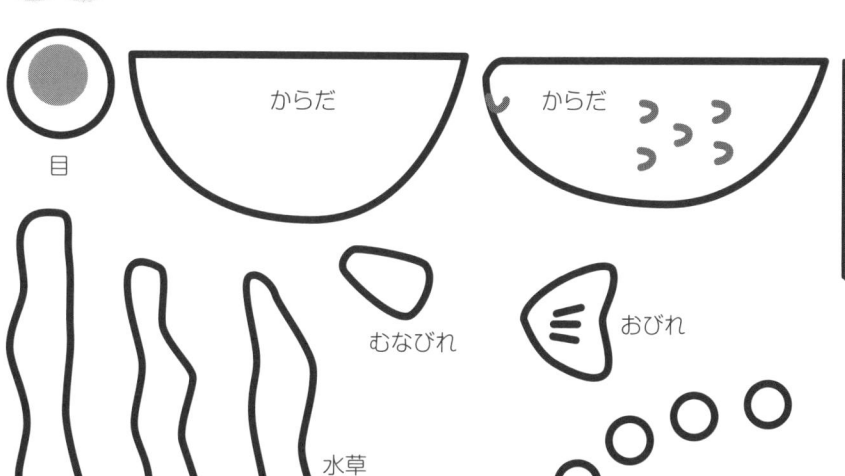

アラカルト カード
あっちこっち てんとうむしちゃん

- 学芸会、発表会
- バースデーカード　など

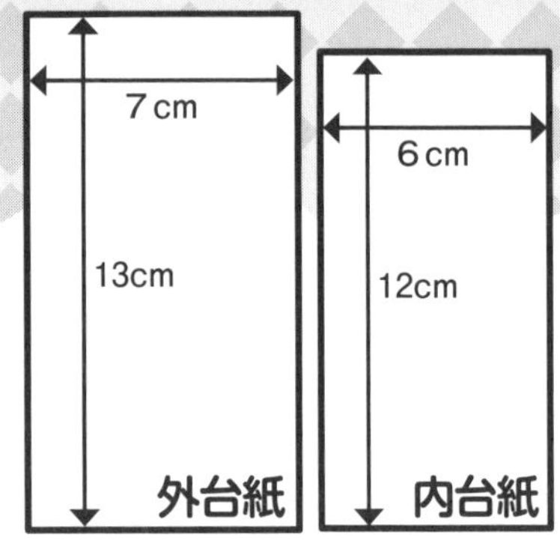

外台紙 7cm × 13cm
内台紙 6cm × 12cm

パーツをつくります

① てんとうむしちゃんに足をはります。

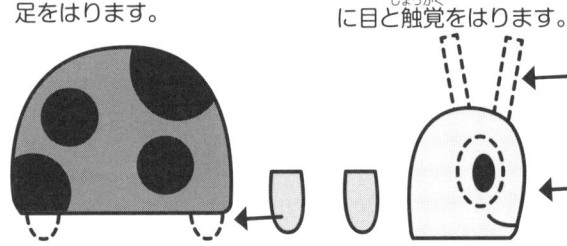

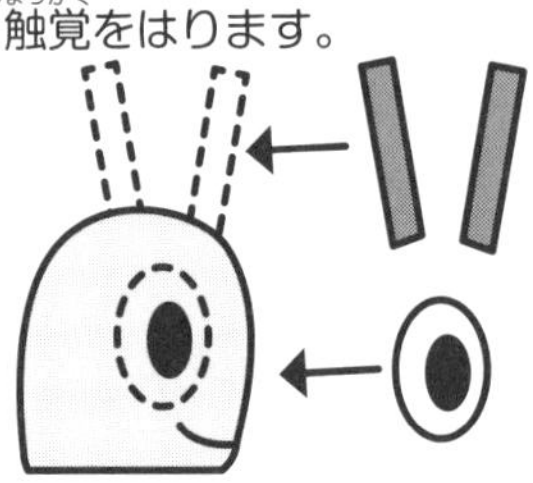

② てんとうむしちゃんのかおに目と触覚をはります。

台紙をつくります

① 内台紙を半分に折ってきりこみをいれます。

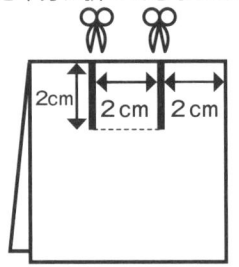

2cm / 2cm / 2cm

② きりこみを折ります。次に、折り線にそって折ります。 ‡1cm

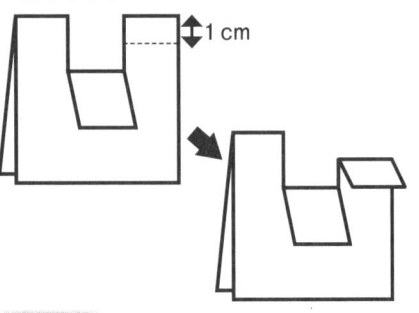

③ ひらいてとびださせます。ふたつ、とびだします。

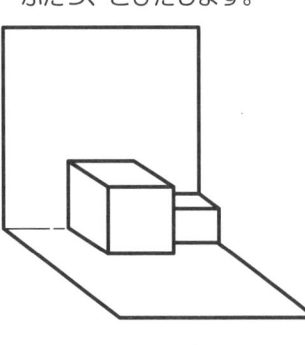

④ 外台紙をはりあわせます。かおとからだをはります。

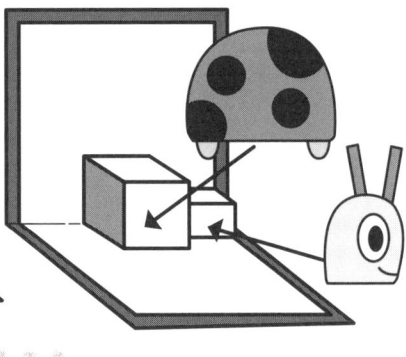

型紙

からだ／かお／触覚／足／足／目

★できあがり★

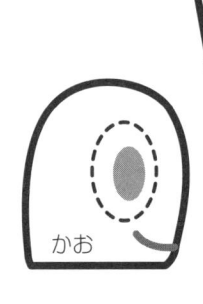

アラカルトカード

もしもし いもむしちゃん

- ●学芸会、発表会
- ●バースデーカード など

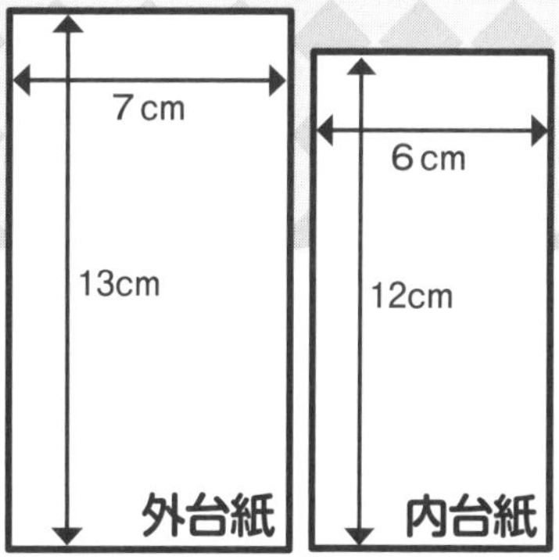

外台紙 7cm × 13cm
内台紙 6cm × 12cm

パーツをつくります

① いもむしちゃんのからだをつくります。 
② いもむしちゃんのあたまをつくります。 
③ いもむしちゃんのからだにあたまをはります。 
④ 葉っぱもつくっておきましょう。

台紙をつくります

① 内台紙を半分に折ってきりこみをいれます。 （2cm 1cm 2cm）
② きりこみを折ります。 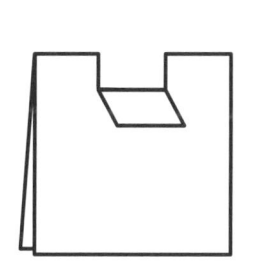
③ ひらいてとびださせます。
④ 内台紙に外台紙をはりあわせます。

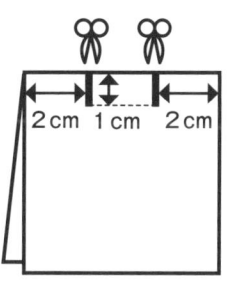

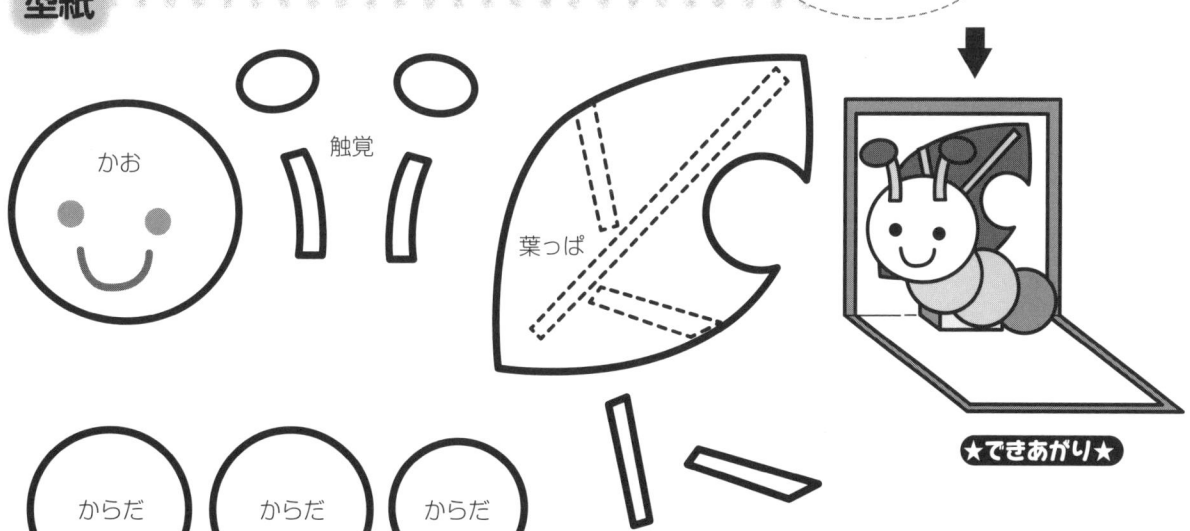

葉っぱを内台紙にはります
いもむしちゃんをはります

型紙

かお　触覚　葉っぱ　からだ　からだ　からだ

★できあがり★

ゆらゆら しおり カード

- 学芸会、発表会
- バースデーカード
- プレゼント など

ゆらゆら アップルちゃん

紙ひも用に色画用紙を細くきっておいてね。

①アップルちゃんにほっぺと葉っぱをはります。目と口もかいてください。

②ひとまわり大きくきったメッセージ台紙とアップルちゃんをかさねて、穴をあけます。

穴あけパンチであけるとかんたん

下でそろえるときれいだよ

③穴に紙ひもをとおします。

④紙ひもをそろえてむすびます。

★できあがり★

ゆらゆら～♪

型紙

アップルちゃん

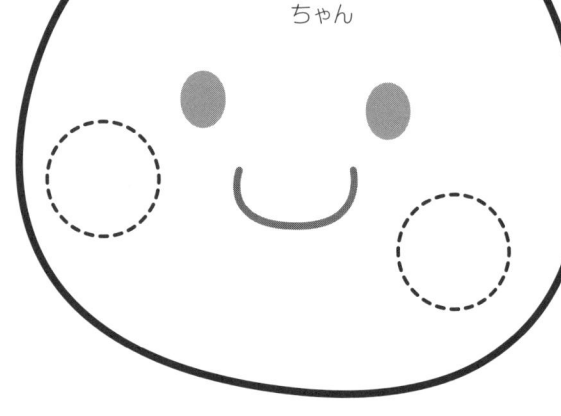

葉っぱ

メッセージ台紙

ほっぺ

ほっぺ

74

ゆらゆら しおりカード

- ●学芸会、発表会
- ●バースデーカード
- ●プレゼント など

ゆらゆらモモちゃん

アップルちゃんとつくり方は同じです

紙ひも用に色画用紙を細くきっておいてね。

①モモちゃんにほっぺと葉っぱをはります。目と口もかいてください。

②ひとまわり大きくきった台紙とモモちゃんをかさねて、穴をあけます。

穴あけパンチであけるとかんたん

下でそろえるときれいだよ

③穴に紙ひもをとおします。

④紙ひもをそろえてむすびます。

★できあがり★

ゆらゆら～♪

型紙

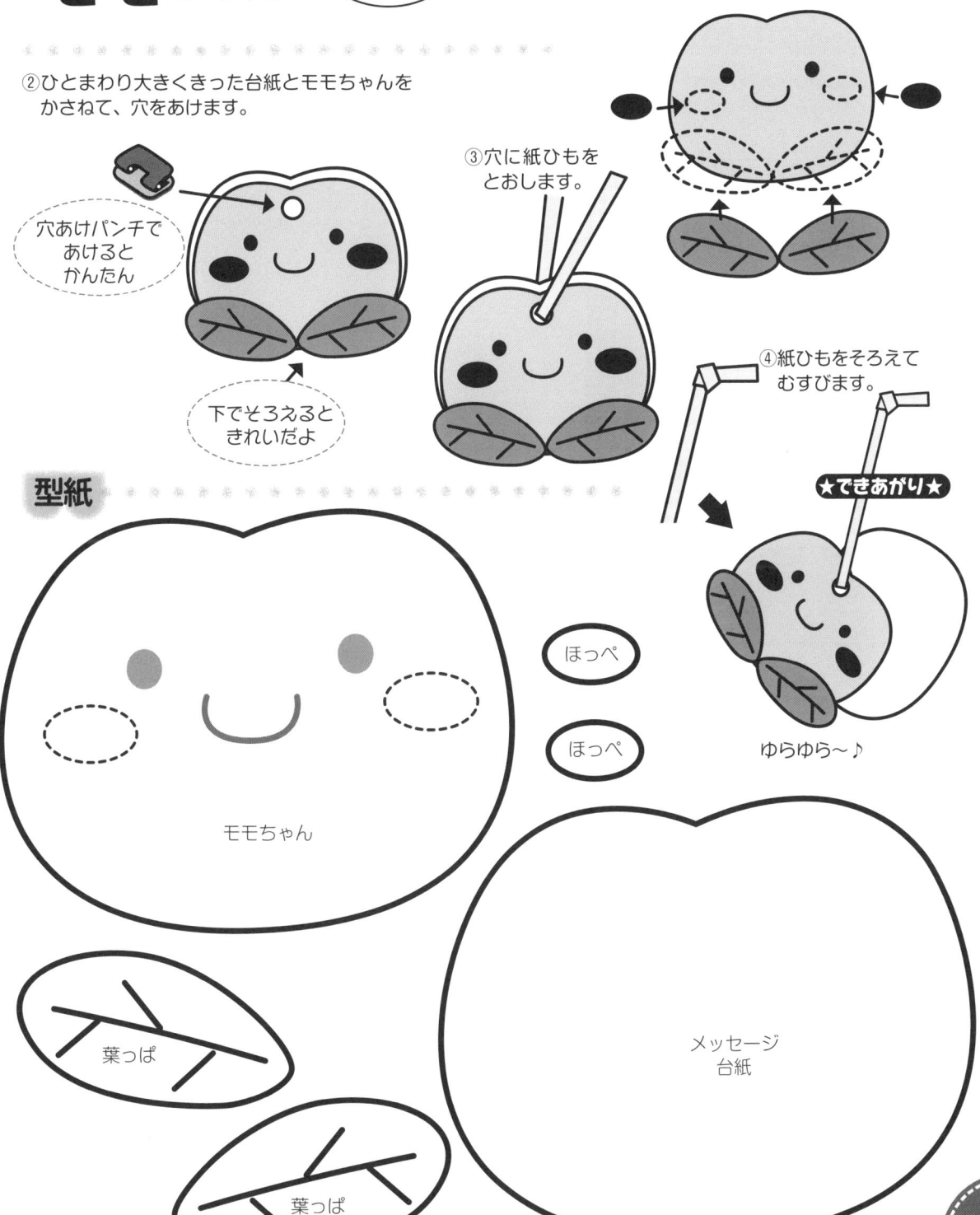

モモちゃん

ほっぺ

ほっぺ

葉っぱ

葉っぱ

メッセージ台紙

75

ゆらゆら しおりカード

- 学芸会、発表会
- バースデーカード
- プレゼント など

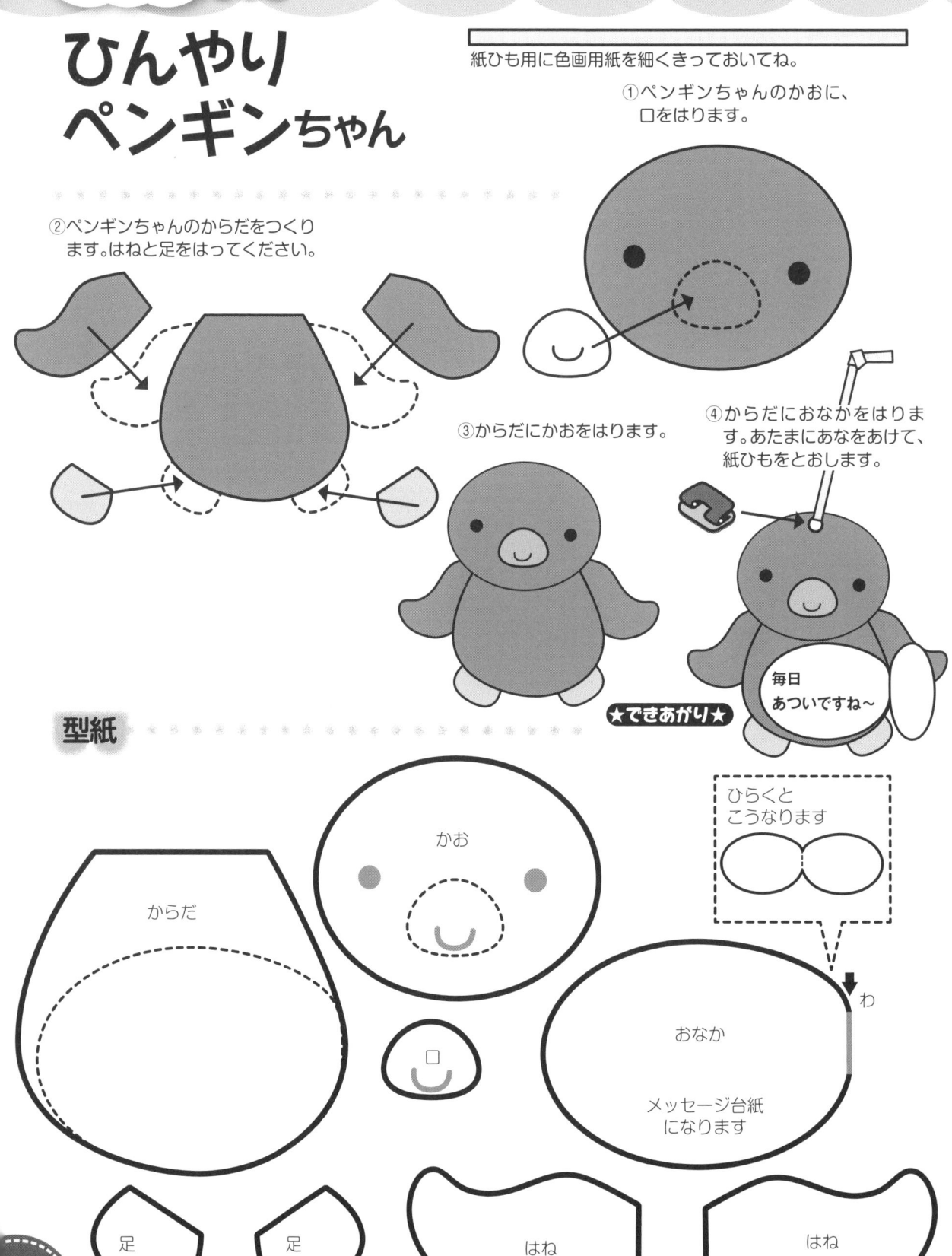

ひんやり ペンギンちゃん

紙ひも用に色画用紙を細くきっておいてね。

①ペンギンちゃんのかおに、口をはります。

②ペンギンちゃんのからだをつくります。はねと足をはってください。

③からだにかおをはります。

④からだにおなかをはります。あたまにあなをあけて、紙ひもをとおします。

★できあがり★

毎日 あついですね〜

型紙

からだ

かお

口

おなか
メッセージ台紙になります

ひらくとこうなります

わ

足　足

はね　はね

ゆらゆら しおりカード

- 学芸会、発表会
- バースデーカード
- プレゼント など

おさんぽネコちゃん

アップルちゃんとつくり方は同じです

紙ひも用に色画用紙を細くきっておいてね。

① ネコちゃんをつくります。

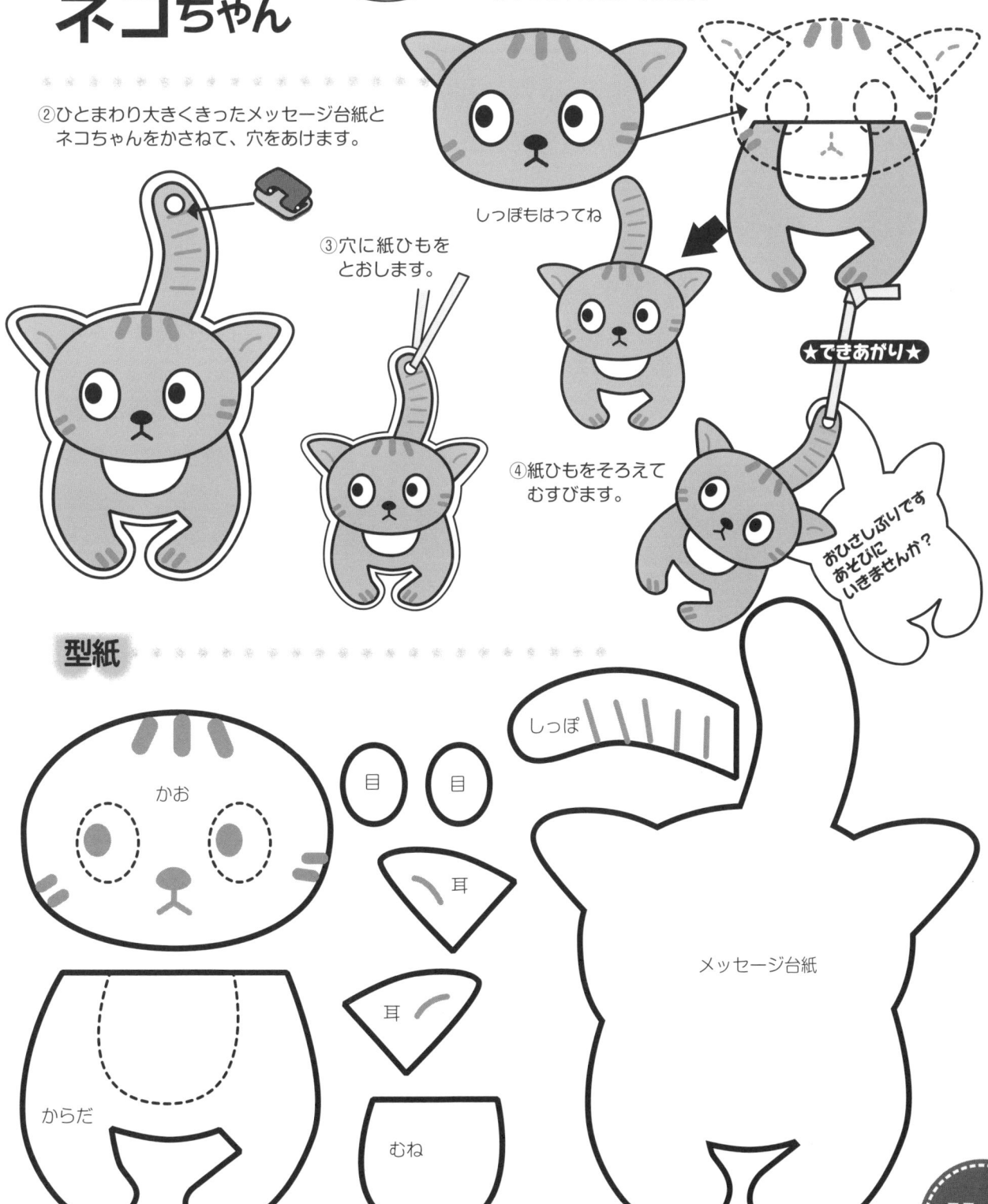

しっぽもはってね

② ひとまわり大きくきったメッセージ台紙とネコちゃんをかさねて、穴をあけます。

③ 穴に紙ひもをとおします。

④ 紙ひもをそろえてむすびます。

★できあがり★

おひさしぶりです おとびにいきませんか？

型紙

かお / 目 / 目 / 耳 / 耳 / しっぽ / むね / からだ / メッセージ台紙

77

ぱたぱた カード

- ●入園　入学
- ●母の日　父の日
- ●バースデーカード　など

ありがとう ふうせん

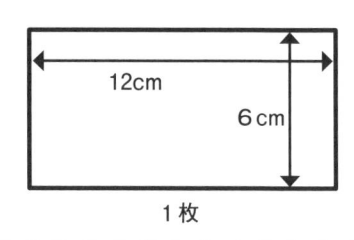

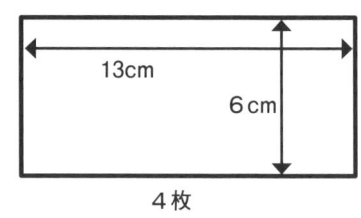

12cm × 6cm　1枚
13cm × 6cm　4枚

パーツをつくります

①ふうせんをつくります。　　②「ありがとう」とかきましょう。

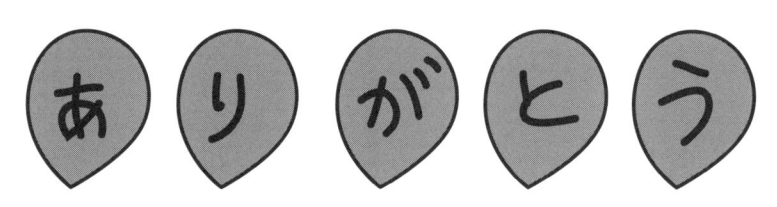

台紙をつくります

①台紙をつくります。
のりしろの部分をのこして半分に折ります。(4枚)

6cm / 6cm / 1cm
のりしろ

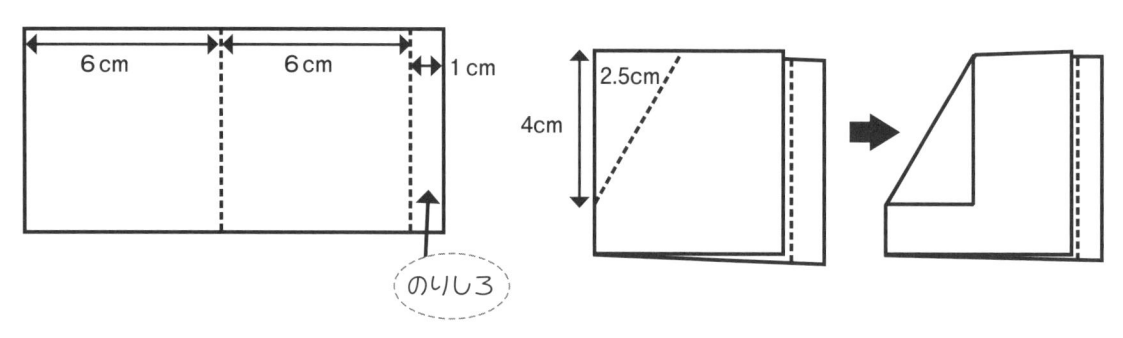

②折り線にそって折ります。

2.5cm / 4cm

③ひらいてとびださせます。

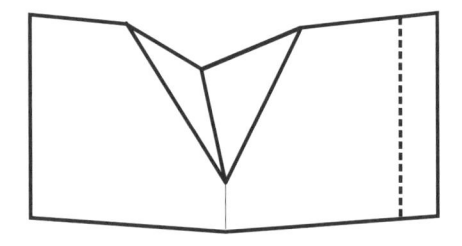

④のりしろのない台紙も1枚つくります。

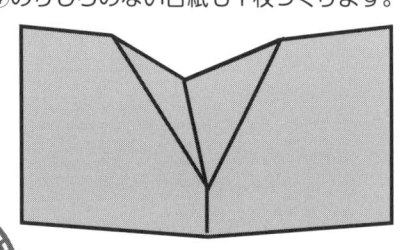

⑤のりしろのあるものを全部で4枚つくります。

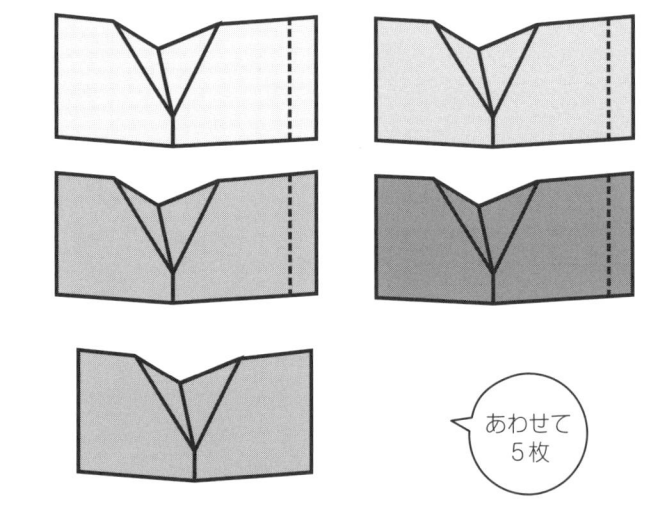

あわせて5枚

⑥じゃばらになるように、のりしろをはりあわせます。

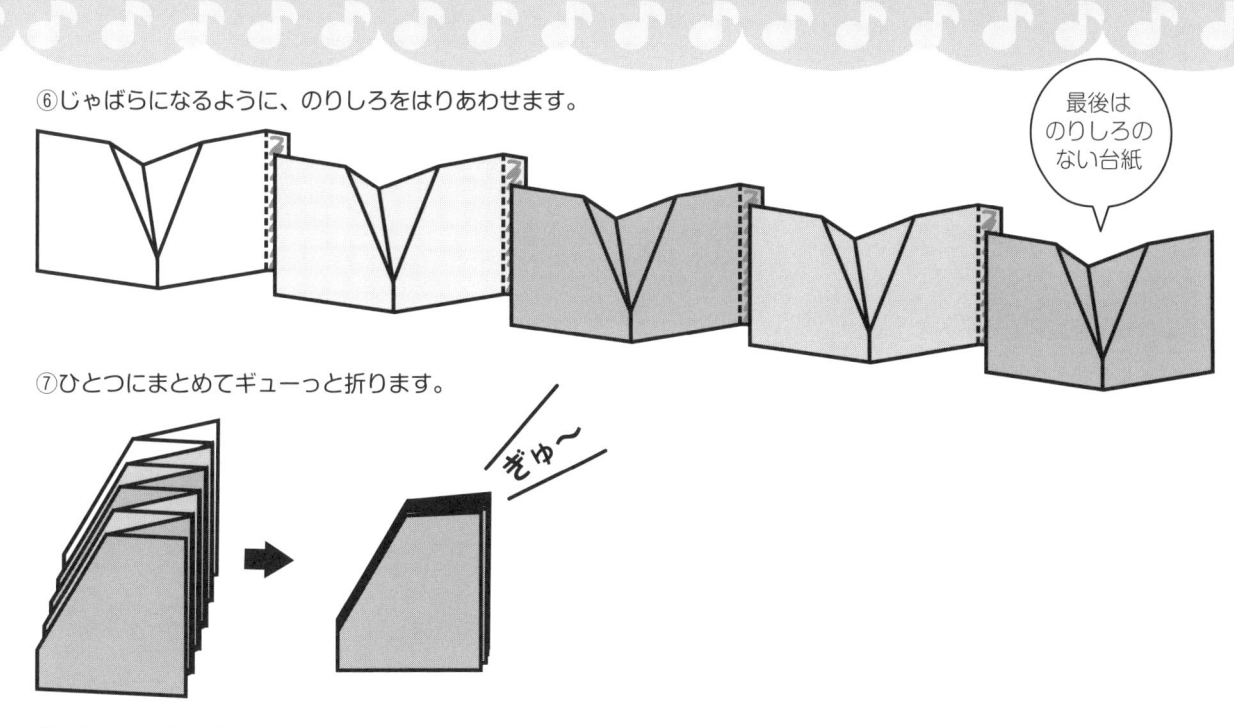

最後は
のりしろの
ない台紙

⑦ひとつにまとめてギューっと折ります。

ぎゅ〜

⑧ひらいてふうせんをはります。

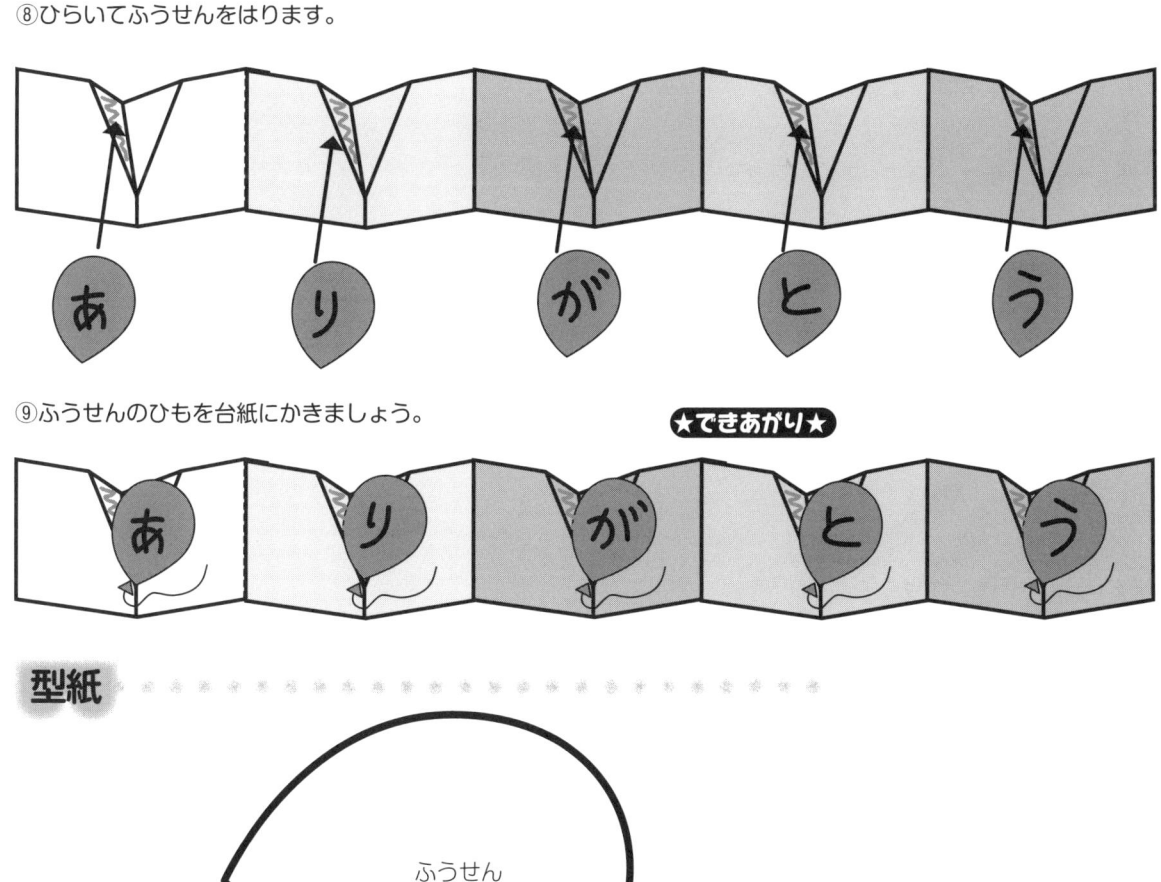

あ　り　が　と　う

⑨ふうせんのひもを台紙にかきましょう。

★できあがり★

型紙

ふうせん
5枚

79

ぱたぱたカード

● 入園　入学
● 母の日　父の日
● バースデーカード　など

おめでとう ひよこちゃん

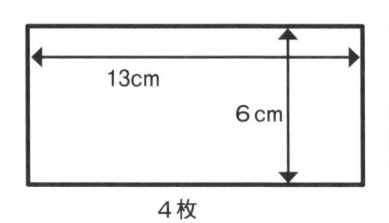

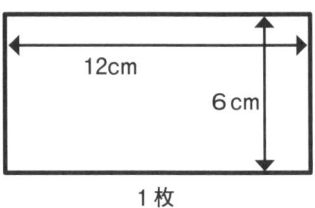

13cm × 6cm　4枚
12cm × 6cm　1枚

パーツをつくります

① ひよこちゃんのかおをはんぶんに折ります。

② きりこみを入れます。
1cm
1.5cm

③ きりこみを三角に折って折り目をつけます。

④ きりこみをいれた部分を折り返して、くちばしをつくります。

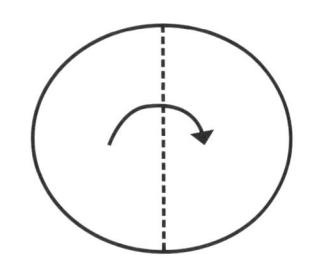

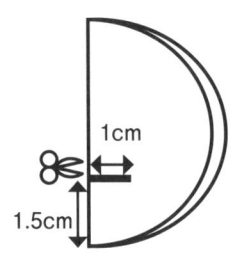

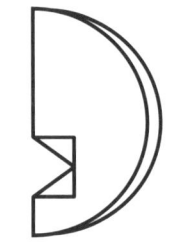

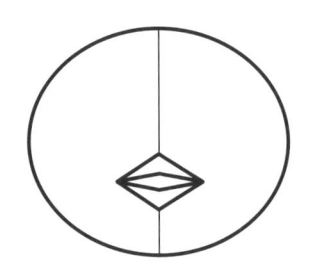

⑤ 目をはります。

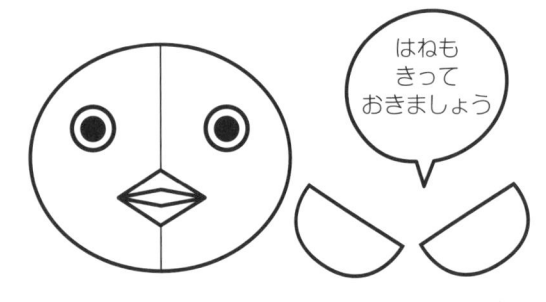

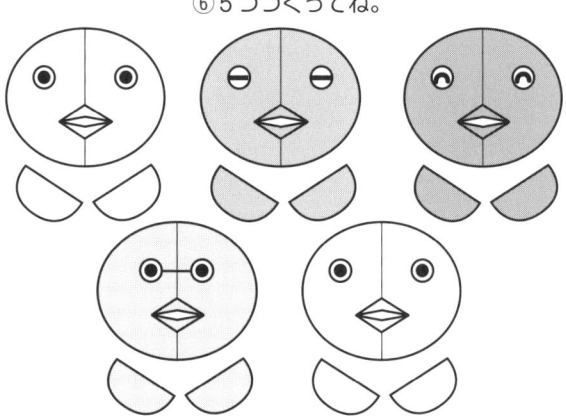

はねもきっておきましょう

⑥ 5つつくってね。

台紙をつくります

① 台紙をつくります。
のりしろの部分をのこして半分に折ります。（4枚）

13cm
6cm　6cm　1cm
のりしろ

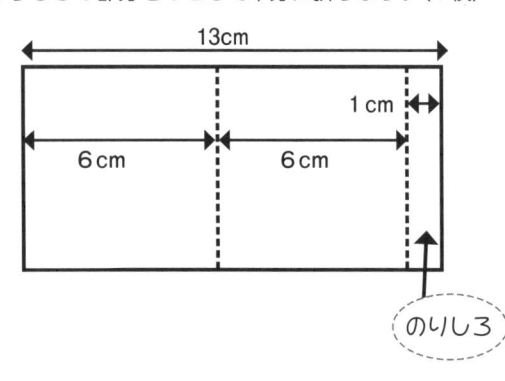

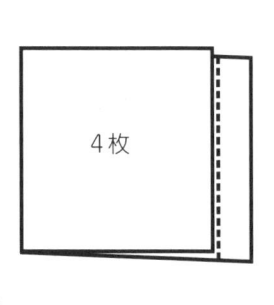

② のりしろのない台紙もつくります。（1枚）

4枚

1枚

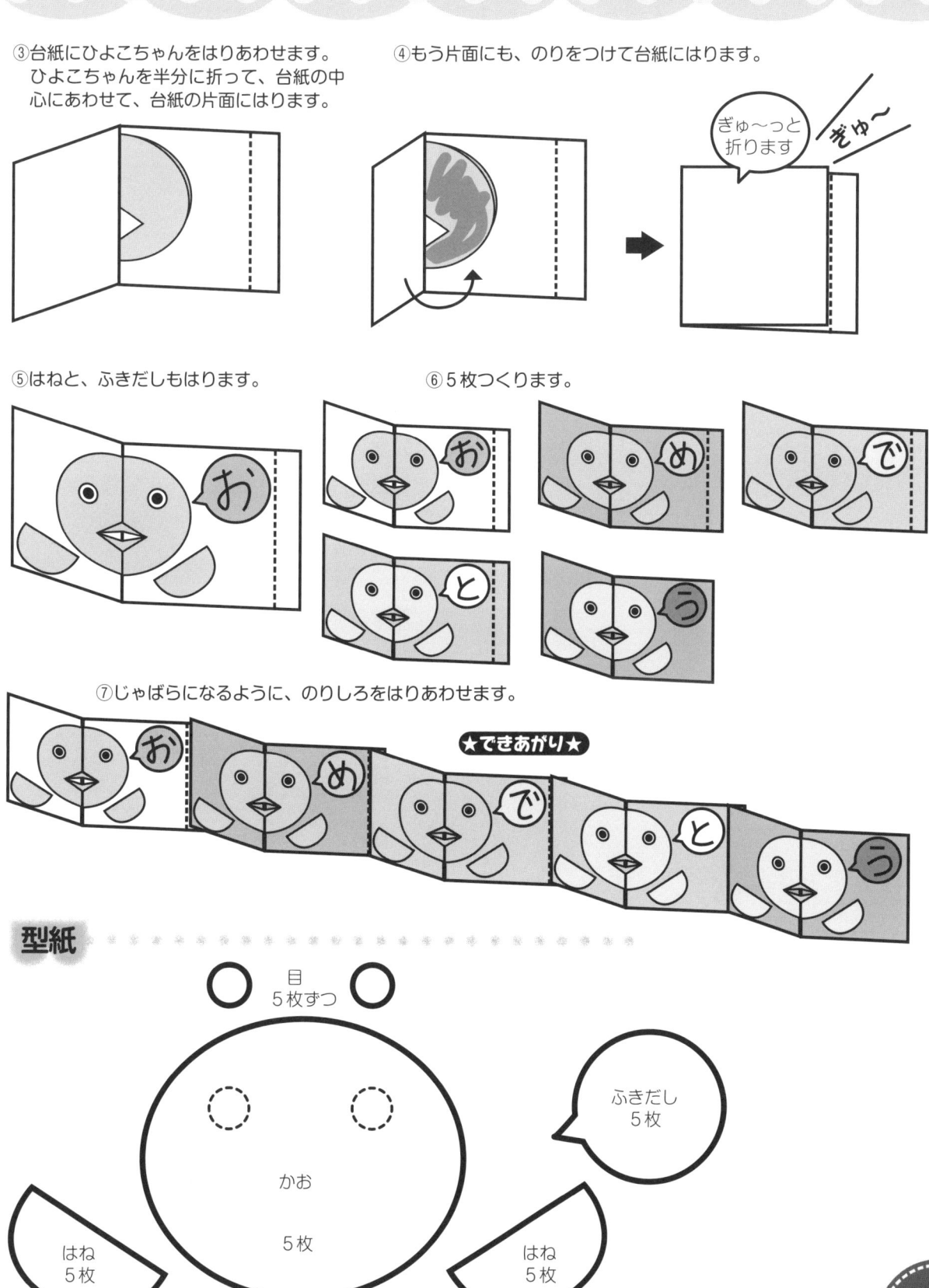

③台紙にひよこちゃんをはりあわせます。
ひよこちゃんを半分に折って、台紙の中心にあわせて、台紙の片面にはります。

④もう片面にも、のりをつけて台紙にはります。

ぎゅ～っと折ります

ぎゅ～

⑤はねと、ふきだしもはります。

⑥5枚つくります。

⑦じゃばらになるように、のりしろをはりあわせます。

★できあがり★

型紙

目
5枚ずつ

ふきだし
5枚

はね
5枚

かお
5枚

はね
5枚

お正月 ちょこっとカード

●新年のあいさつ ほか

十二支 ねずみ

あけまして おめでとう！ 今年も よろしくね〜

パーツをつくります

①ねずみのかおをつくります。

耳をはります

はなをはります

台紙をつくります

①2つ折りにした色画用紙に、からだの型紙をあてて、きります。

からだ型紙

②からだに手をはります。

仕上げます

①ねずみのかおをはります。

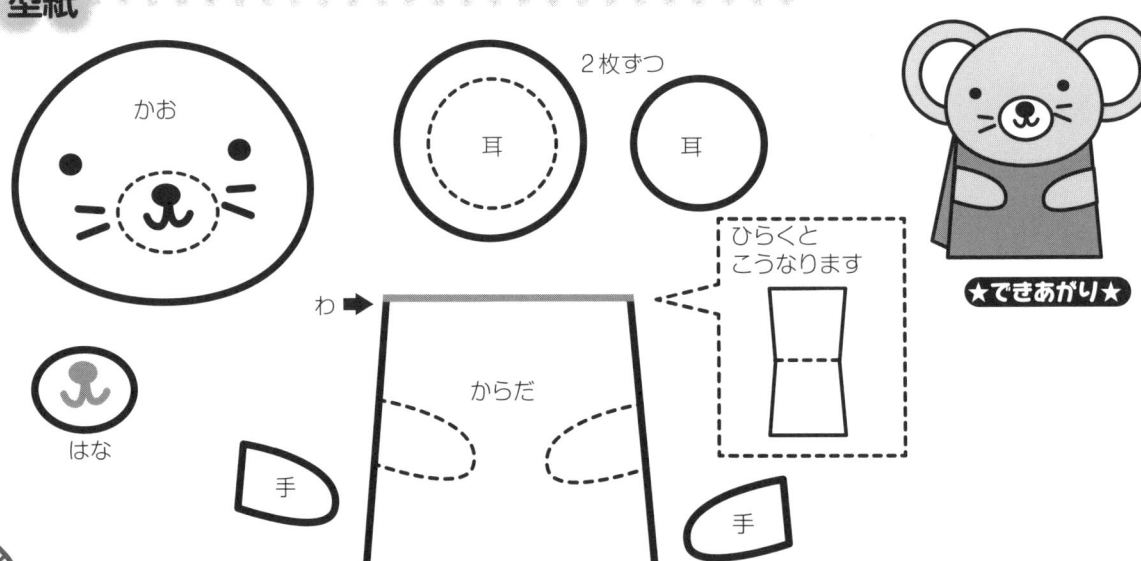

★できあがり★

型紙

かお

2枚ずつ

耳　耳

はな

わ→

からだ

手　手

ひらくとこうなります

お正月 ちょこっとカード

●新年のあいさつ ほか

十二支 うし

あけまして おめでとうございます
今年モ〜〜 がんばるぞ〜

パーツをつくります

①うしのかおをつくります。

耳とつのをはります

はなをはります

台紙をつくります

①2つ折りにした色画用紙に、からだの型紙をあてて、きります。

②からだにもようをはります。

仕上げます

①うしのかおをはります。

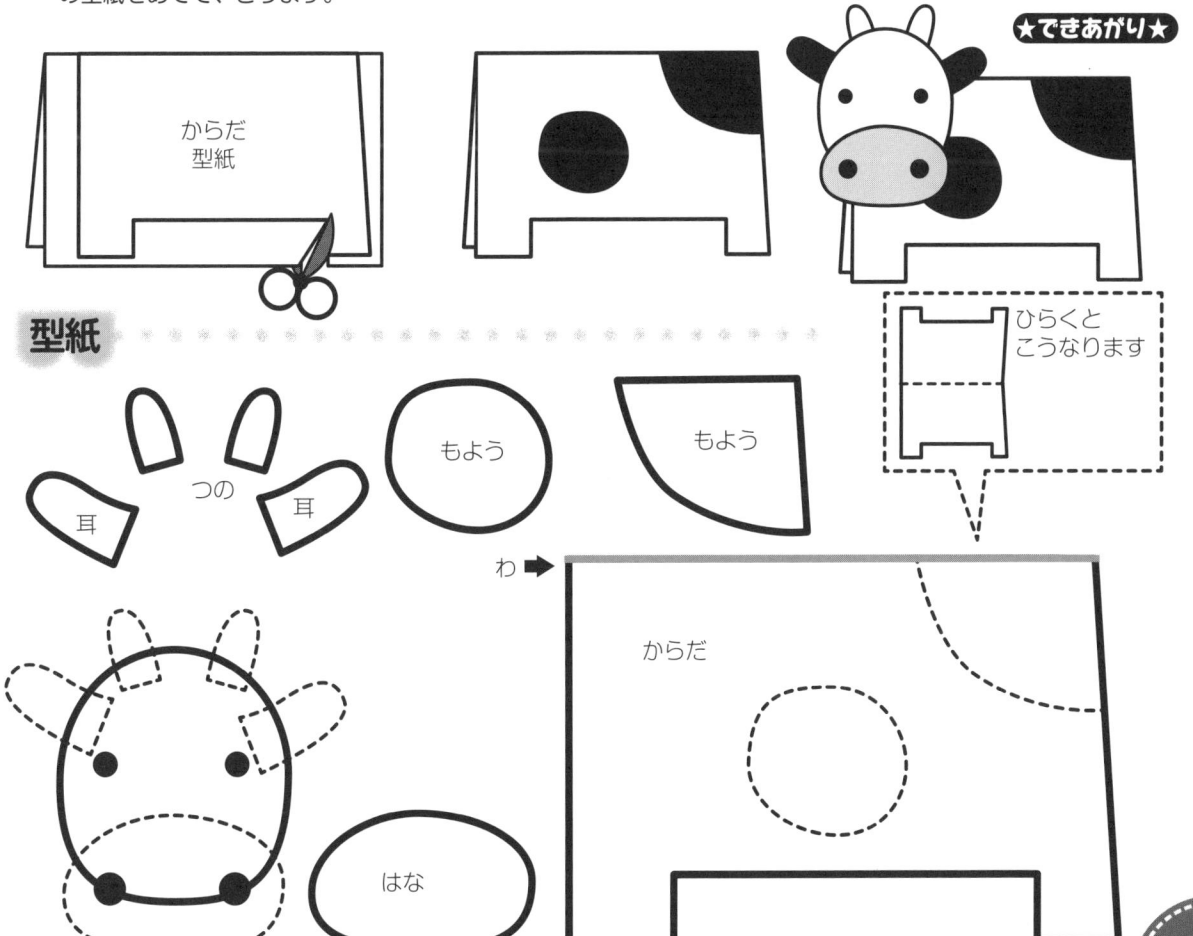

★できあがり★

ひらくと こうなります

型紙

つの
耳　耳
もよう
もよう
はな
からだ
わ➡

83

お正月 ちょこっとカード

●新年のあいさつ ほか

十二支 とら

今年は新しいことにトライ！！するぞ！

パーツをつくります

①とらのかおをつくります。

耳をはります
目やはな、くちはかいてください

かおに前足をはります

台紙をつくります

①２つ折りにした色画用紙に、からだの型紙をあてて、きります。

からだ型紙

②からだにかおと前足をはります。

仕上げます

①からだに、背中のもようと後ろ足をかきます。

★できあがり★

ひらくとこうなります

型紙

耳　耳の中

耳　耳の中

前足　前足

かお

わ→
からだ

お正月 ちょこっと カード

●新年のあいさつ ほか

十二支 うさぎ

パーツをつくります

①うさぎのかおをつくります。

かおに目をかきます

かおにはなをはります

台紙をつくります

①2つ折りにした色画用紙に、からだの型紙をあてて、きります。

②からだに手をはります。

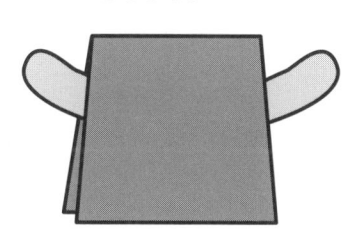

仕上げます

①うさぎのかおをはります。

型紙

かお

手

はな

わ→

からだ

★できあがり★

ひらくと
こうなります

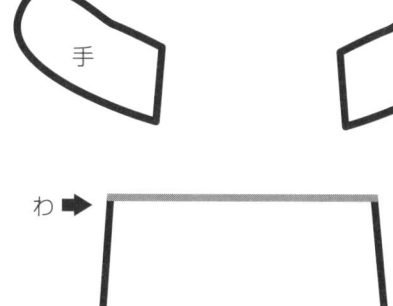

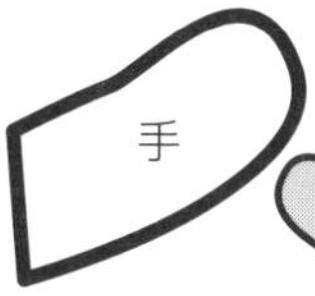

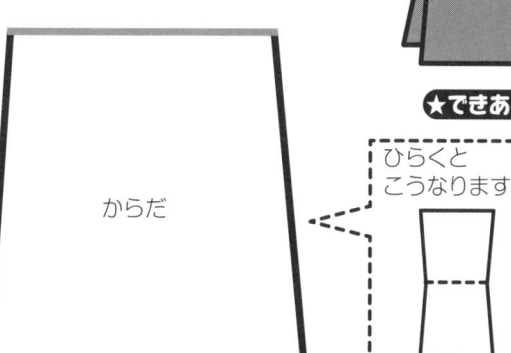

お正月 ちょこっとカード

●新年のあいさつ　ほか

十二支
たつ

新年会の
お知らせ
1月4日
お昼から

パーツをつくります

①かおをつくります。

口、あたま、目を
はります

台紙をつくります

①2つ折りにした色画用紙に、からだの
型紙をあてて、きります。

からだ
型紙

②からだに、おなか、せびれ
をはります。

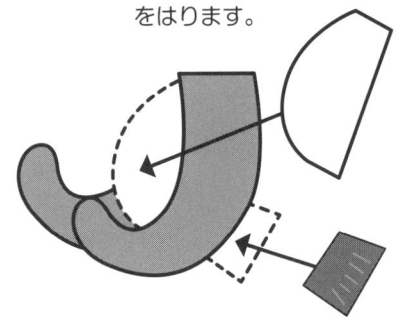

仕上げます

①からだにかおを
はります。

おなかや、せびれ
に線をかきます

★できあがり★

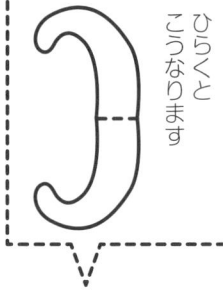

ひらくと
こうなります

型紙

目

かお

あたま

わ→

おなか

口

せびれ

からだ

86

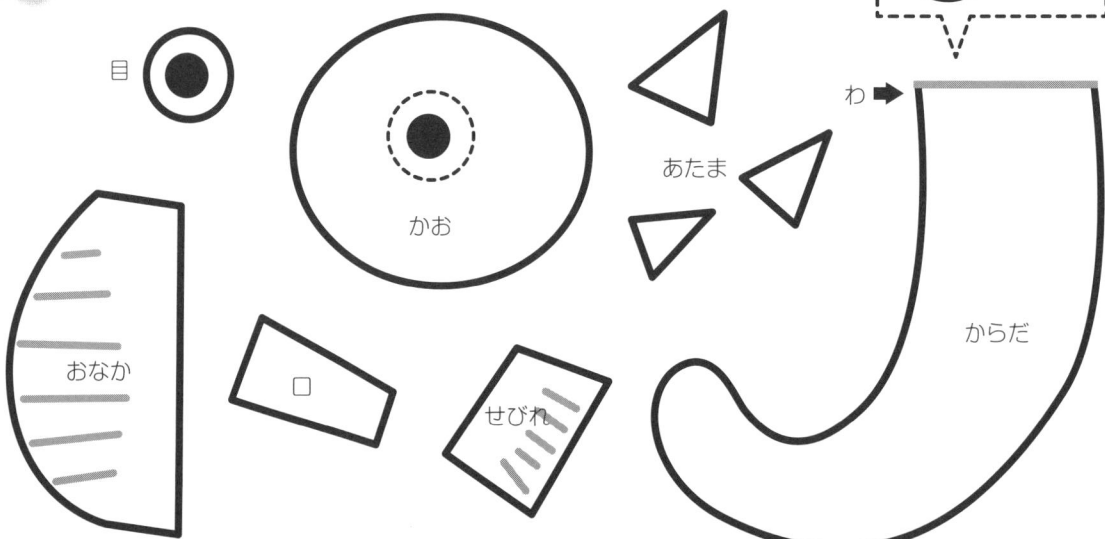

お正月 ちょこっとカード

●新年のあいさつ ほか

十二支 へび（み）

にょろにょろ
今年もよろしく！

パーツをつくります

①へびのかおをつくります。

目とくちをかくだけ！！

台紙をつくります

①2つ折りにした色画用紙に、からだの型紙をあてて、きります。

からだ型紙

仕上げます

①からだにかおをはります。

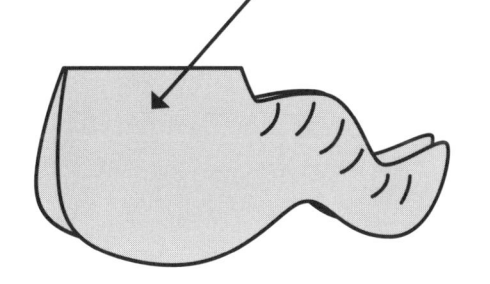

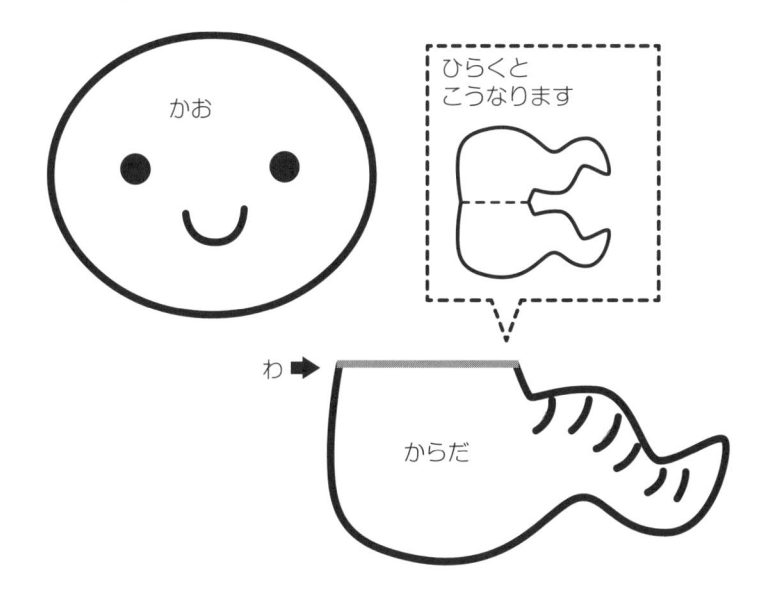

型紙

かお

ひらくと
こうなります

わ ➡

からだ

★できあがり★

お正月 ちょこっとカード

十二支 うま

●新年のあいさつ ほか

今年も元気に
かけぬけるぞ～
パカパカ

パーツをつくります

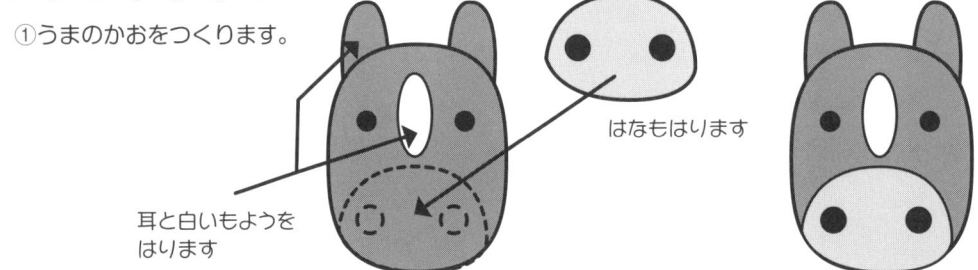

①うまのかおをつくります。

耳と白いもようを
はります

はなもはります

台紙をつくります

①２つ折りにした色画用紙に、からだの型紙をあててきります。

からだ
型紙

②からだにしっぽをはります。

足の先としっぽの先
を黒くぬります

仕上げます

①うまのかお
をからだに
はります。

型紙

かおのもよう

耳　耳

かお

はな

わ →

からだ

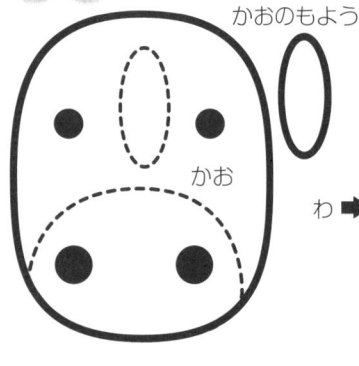

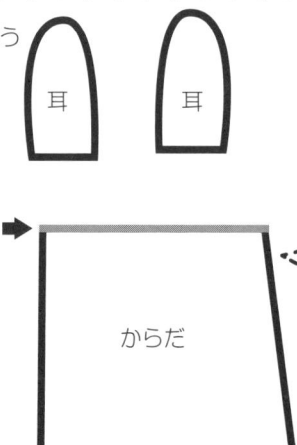

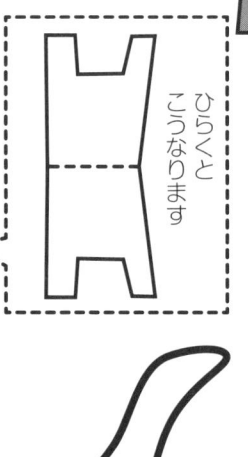

ひらくと
こうなります

しっぽ

★できあがり★

お正月 ちょこっとカード

十二支 ひつじ

●新年のあいさつ ほか

ふわふわと
新年あけまして
おめでとう

パーツをつくります

①ひつじのかおをつくります。

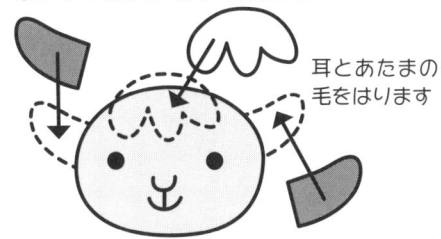

耳とあたまの毛をはります

かおのまわりの毛の上につくったかおをはります

台紙をつくります

①2つ折りにした色画用紙に、からだの型紙をあてて、きります。

からだ型紙

②からだにかおをはります。

仕上げます

★できあがり★

型紙

かおのまわりの毛

ひらくとこうなります

わ→

からだ

あたまの毛

かお

耳　耳

お正月 ちょこっとカード

●新年のあいさつ ほか

十二支 さる

ウッキー！
今年も
がんばる
モンキー

パーツをつくります

①さるのかおをつくります。

耳とあたまをかお
にはります。

台紙をつくります

①2つ折りにした色画用紙に、からだの型紙をあてて、きります。

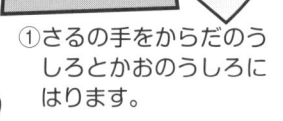

からだ
型紙

さるのかおを
からだにはります

仕上げます

①さるの手をからだのうしろとかおのうしろにはります。

型紙

あたま

かお

耳

耳

手

手

わ→

からだ

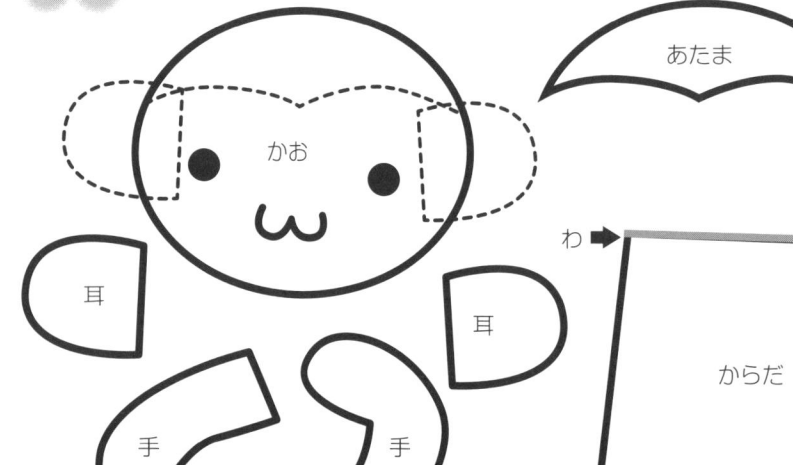

★できあがり★

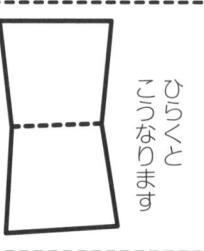

ひらくと
こうなります

お正月 ちょこっとカード

十二支 とり

●新年のあいさつ ほか

コケコッコー！
あけまして
おめでとう

パーツをつくります

①にわとりのかおをつくります。

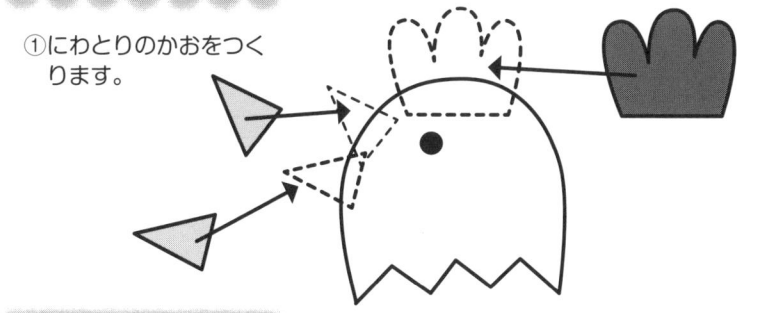

台紙をつくります

①2つ折りにした色画用紙に、からだの型紙をあてて、きります。

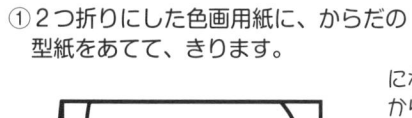

からだ型紙

にわとりのはねをからだにはります

仕上げます

①にわとりのかおをはります。

★できあがり★

ひらくとこうなります

型紙

かお

くちばし

わ➡

はね

からだ

とさか

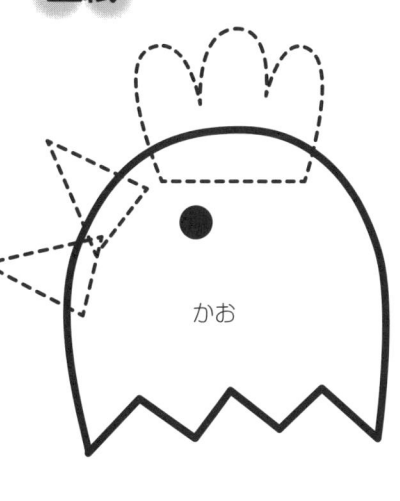

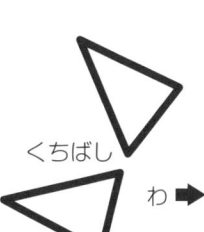

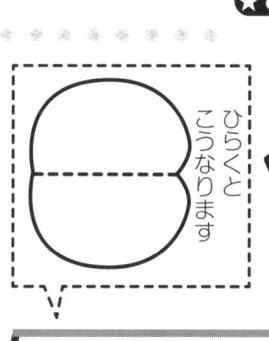

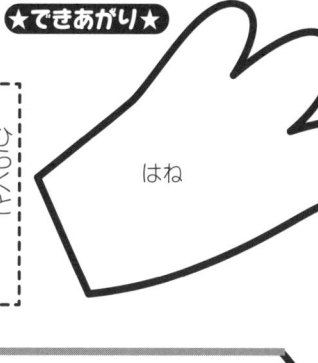

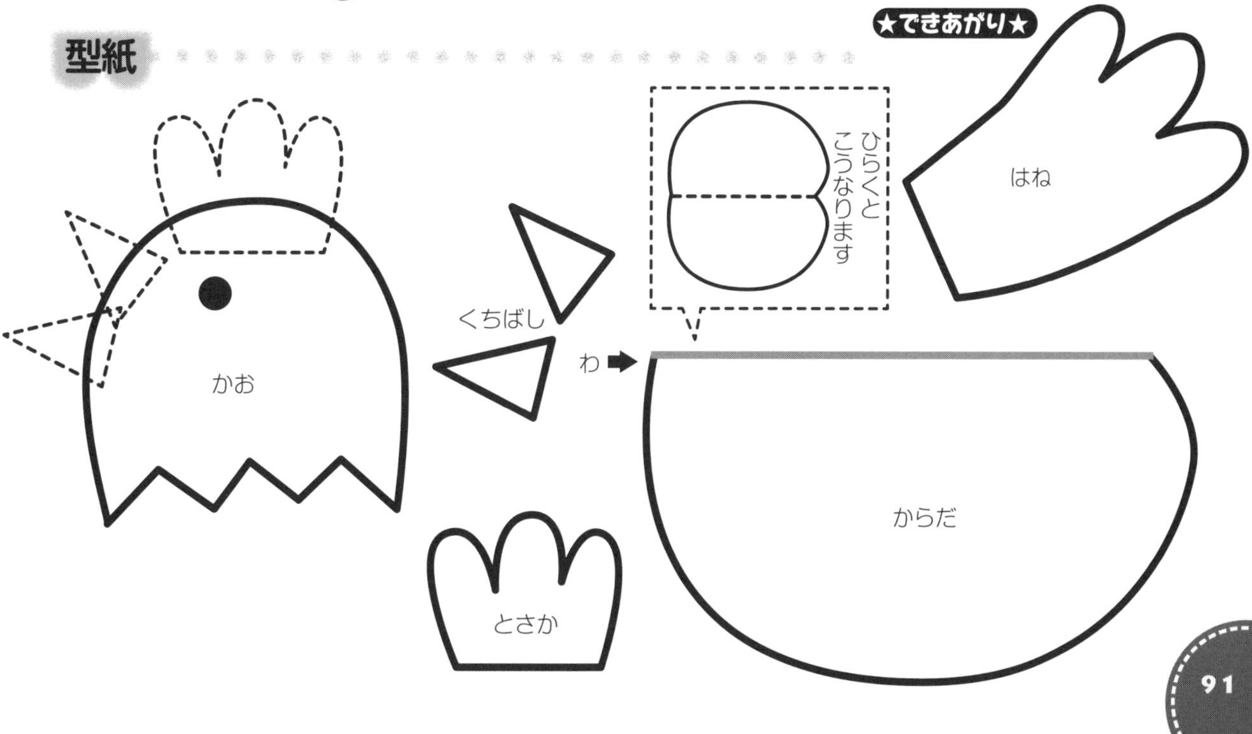

お正月 ちょこっとカード

十二支 いぬ

●新年のあいさつ ほか

ワンワン！今年もよろしくわん！

パーツをつくります

①いぬのかおをつくります。

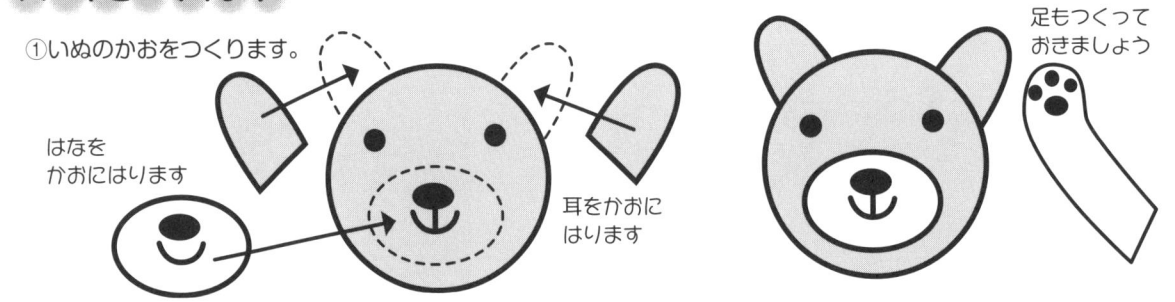

はなをかおにはります

耳をかおにはります

足もつくっておきましょう

台紙をつくります

①2つ折りにした色画用紙に、からだの型紙をあてて、きります。

からだ型紙

かおをからだにはります

からだにもようをはります

仕上げます

①足としっぽをからだにはります。

★できあがり★

型紙

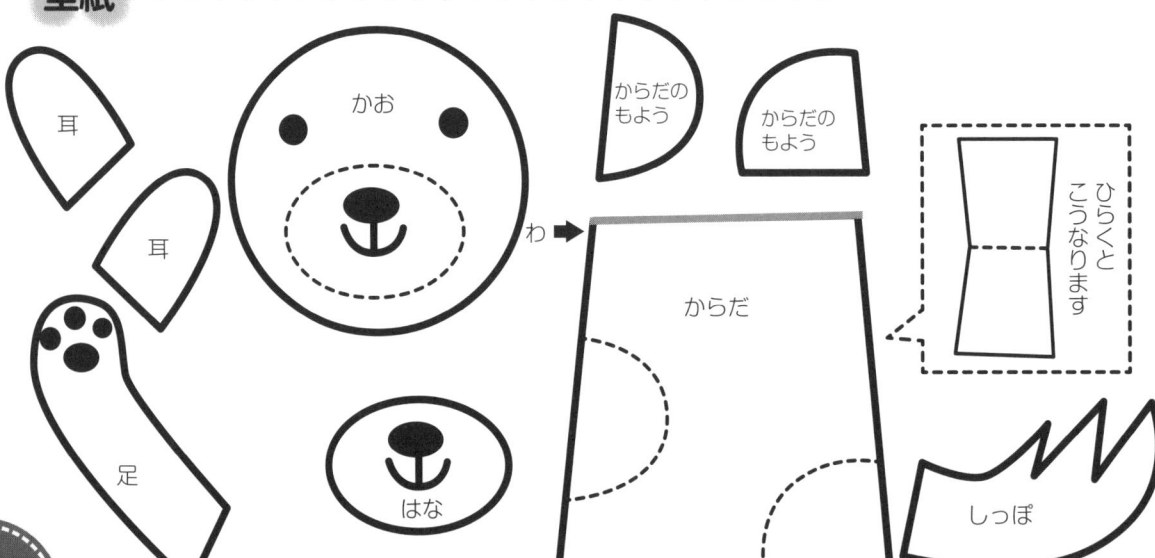

耳

耳

足

かお

はな

からだのもよう

からだのもよう

わ

からだ

ひらくとこうなります

しっぽ

お正月 ちょこっとカード

●新年のあいさつ ほか

十二支 いのしし

パーツをつくります

①いのししのかおをつくります。

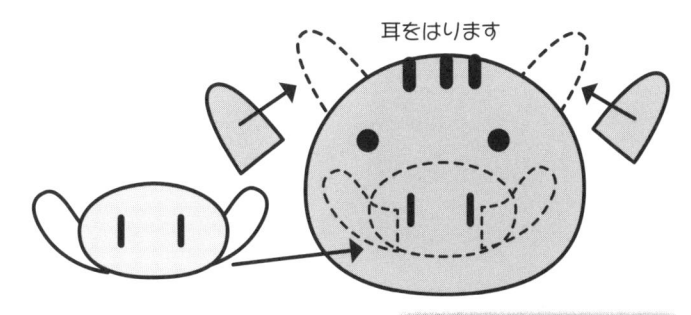

きばをはなにはります。

耳をはります

台紙をつくります

①2つ折りにした色画用紙に、からだの型紙をあてて、きります。

足をからだにはります

つめを黒くぬってね

仕上げます

①かおをからだにはります。

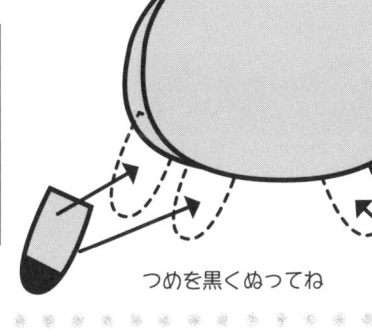

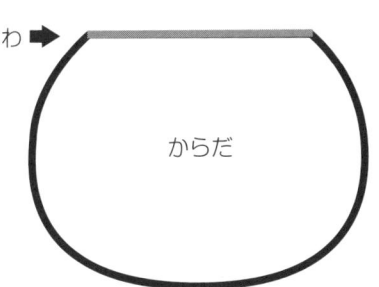

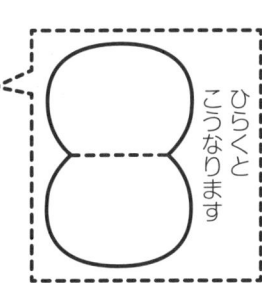

型紙

耳　耳

かお

わ→

からだ

ひらくとこうなります

きば　はな　きば　足　足　足　足

★できあがり★

シマダチカコ

東京都中野区に生まれる。文化女子大学短期大学部生活造形学科卒業。出版社の広告宣伝部を経て、フリーのデザイナーに。ポスター、書籍、カタログのデザインなどをてがけるほか、ポップアップカードなど、簡単にすぐにできる工作教室を全国各地で開いている。
著書に、『かんたん手づくりポップアップカード』（2009年7月刊、子どもの未来社）『かんたん手づくりポップアップカード わくわく動物園』（2010年3月刊、子どもの未来社）がある。

● DTP・装丁／大石千佳子

かんたん手づくり
かわいいポップアップミニカード

2015年10月15日　第1刷印刷
2017年　8月26日　第2刷発行

著　者●シマダチカコ
発行者●奥川　隆
発行所●子どもの未来社
　　　　〒113-0033
　　　　東京都文京区本郷 3-26-1 本郷宮田ビル 4F
　　　　TEL：03-3830-0027　FAX：03-3830-0028
　　　　振替　00150-1-553485
　　　　E-mail：co-mirai@f8.dion.ne.jp
　　　　HP：http://www.ab.auone-net.jp/~co-mirai
印刷・製本●株式会社文昇堂

©Chikako Shimada　2015　　　　　　　　　　Printed in Japan
ISBN978-4-86412-035-7　C0037

■定価はカバーに表示してあります。落丁・乱丁の際は送料弊社負担でお取り替えいたします。
■本書の全部、または一部の無断での複写（コピー）・複製・転訳、および磁気または光記録媒体への入力等を禁じます。複写等を希望される場合は、小社著作権管理部にご連絡ください。

子どもの未来社の本

手づくりのかわいいカードをつくろう！

かんたん手づくり ポップアップカード

つくって たのしい！

- つくりかたをていねいに説明していますので、手づくりカードがだれでもかんたんにつくれます。
- 原寸大の型紙付きで小学生でも理解できる文章ですので、親子でたのしめます。
- 季節のグリーティングカード、入学・進級・卒業祝い、就職祝い、出産祝い、バースデーカード、おさそいやお知らせなど、さまざまなシーンで大活躍します。メッセージをそえて贈れば、さらによろこばれます。
- 学校で子どもたちといっしょにつくれば大よろこび。学級づくりにもやくだちます。

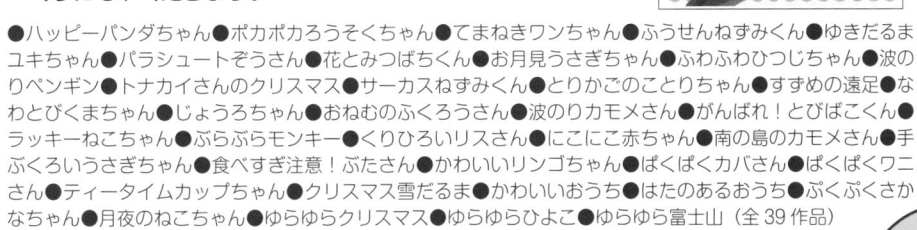

●ハッピーパンダちゃん●ポカポカろうそくちゃん●てまねきワンちゃん●ふうせんねずみくん●ゆきだるまユキちゃん●パラシュートぞうさん●花とみつばちくん●お月見うさぎちゃん●ふわふわひつじちゃん●波のりペンギン●トナカイさんのクリスマス●サーカスねずみくん●とりかごのことりちゃん●すずめの遠足●なわとびくまちゃん●じょうろちゃん●おねむのふくろうさん●波のりカモメさん●がんばれ！とびばこくん●ラッキーねこちゃん●ぶらぶらモンキー●くりひろいリスさん●にこにこ赤ちゃん●南の島のカモメさん●手ぶくろいうさぎちゃん●食べすぎ注意！ぶたさん●かわいいリンゴちゃん●ぱくぱくカバさん●ぱくぱくワニさん●ティータイムカップちゃん●クリスマス雪だるま●かわいいおうち●はたのあるおうち●ぷくぷくさかなちゃん●月夜のねこちゃん●ゆらゆらクリスマス●ゆらゆらひよこ●ゆらゆら富士山（全39作品）

シマダチカコ／著　B5判96ページ　定価：本体1200円＋税

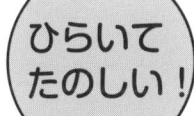

ひらいて たのしい！

大好評『かんたん手づくりポップアップカード』に続く
〈たのしくできるポップアップカード〉シリーズ第2弾！

かんたん手づくり ポップアップカード わくわく動物園

贈って よろこばれる！

ようこそ！わくわく動物園へ。
ゆかいな動物たちがみんなを待ってるよ。
色画用紙をハサミでちょきちょき、
のりでぺたぺたはって、たのしい動物カードをつくろう！

ウッキーモンキー●ぴょんぴょんうさぎちゃん●ごきげん！水あびぞうさん●おすましワニさん●ユーカリコアラちゃん●おしゃべりライオンさん●ハリネズミちゃんのおさんぽ●つきのわぐまさん●カピバラさん親子●プレーリードッグちゃんＡＢブラザーズ●サーカスぞうさん●おさかなちょうだい！ペリカンさん●ボールあそびアシカちゃん●くいしんぼうリスさん●ふくろう3兄弟●オニオオハシ博士●ベビーペンギンちゃん●こんにちは！カワウソちゃん●ばんざいシマウマくん●おでかけきりんさんのカード●アライグマくんがやってきた！●クール！イワトビペンギン●カンガルー親子●元気いっぱい！ワオキツネザルちゃん●ブランコパンダちゃん（全25作品）

シマダチカコ／著　B5判104ページ　定価：本体1200円＋税

子どもの未来社の本

身近にある材料だけでかんたんにつくれる！

おもちゃ博士の
かんたん！手づくりおもちゃ

新聞の折り込みチラシ、トイレットペーパーの芯、割り箸など、身近にある材料でだれでも手軽にたのしいおもちゃをつくれます。飛行機、こま、竹とんぼ、たこ、割りばし鉄砲など39種の手づくりおもちゃを一挙紹介。写真の手順にしたがえば、子どもでもかんたんです。

佐野博志／著　B5判 104ページ　定価：本体1400円＋税

すてずにあそぼう
かんたん！手づくりおもちゃ

新聞折り込みチラシ、牛乳パック、トイレットペーパーの芯、段ボール、わりばし、紙コップ、つまようじ、焼き鳥の串……。身近にある材料だけでつくれる！　写真の手順にしたがえば、子どもでもかんたん！　飛行機、こま、皿回し、たこ、けん玉など、32種類のつくり方をていねいに紹介します。キーワードは"リユース（reuse）"！

佐野博志／著●　B5判 96ページ　定価：本体1400円＋税

読み聞かせで伝える季節の行事

おはなし
ぎょうじのえほん
春／夏／秋／冬

「なぜ、おひなさまをかざるの？」
「父の日はだれがつくったの？」
「おぼんはどうしてはじまったの？」

むかしばなしやゆらいばなしの読み聞かせをとおして、季節ごとにおとずれるさまざまな行事のあれこれを教える絵本です。各月の「おたのしみ」に、子どもに伝えたい折り紙、遊び、料理などを選びました。

堀切リエ／著　A4判 32ページ　定価：本体各1800円＋税